**Ensino de história:
itinerário histórico e
orientações práticas**

2ª edição

Ensino de história: itinerário histórico e orientações práticas

André Luiz Cavazzani
Rogério Pereira da Cunha

Rua Clara Vendramin, 58 . Mossunguê . CEP 81200-170 . Curitiba . PR . Brasil
Fone: (41) 2106-4170 . www.intersaberes.com . editora@intersaberes.com

Conselho editorial
 Dr. Alexandre Coutinho Pagliarini
 Dr.ª Elena Godoy
 Dr. Neri dos Santos
 M.ª Maria Lúcia Prado Sabatella
Editora-chefe
 Lindsay Azambuja
Gerente editorial
 Ariadne Nunes Wenger
Assistente editorial
 Daniela Viroli Pereira Pinto
Edição de texto
 Monique Francis Fagundes Gonçalves

Capa
 Charles L. da Silva
Projeto gráfico
 Bruno de Oliveira
Diagramação
 Renata Silveira
Iconografia
 Camila do Nascimento Francelino
 Regina Claudia Cruz Prestes

Dados Internacionais de Catalogação na Publicação (CIP)
(Câmara Brasileira do Livro, SP, Brasil)

Cavazzani, André Luiz
 Ensino de história : itinerário histórico e orientações práticas / André Luiz Cavazzani, Rogério Pereira da Cunha. -- 2. ed. -- Curitiba, PR : InterSaberes, 2024.

 Bibliografia.
 ISBN 978-85-227-1304-2

 1. História – Estudo e ensino 2. Prática de ensino I. Cunha, Rogério Pereira da. II. Título.

24-188979   CDD-907

Índices para catálogo sistemático:
1. História : Estudo e ensino   907

Cibele Maria Dias – Bibliotecária – CRB-8/9427

1ª edição, 2017.
2ª edição, 2024.

Foi feito o depósito legal.

Informamos que é de inteira responsabilidade dos autores a emissão de conceitos.

Nenhuma parte desta publicação poderá ser reproduzida por qualquer meio ou forma sem a prévia autorização da Editora InterSaberes.

A violação dos direitos autorais é crime estabelecido na Lei n. 9.610/1998 e punido pelo art. 184 do Código Penal.

Sumário

11 *Apresentação*

13 *Como aproveitar ao máximo este livro*

17 *Introdução*

Capítulo 1
19 **Diferentes enfoques da história e suas implicações no processo educativo**

(1.1)
21 A história como verdade

(1.2)
27 Século XIX: educação tradicional e historiografia tradicional

Capítulo 2
41 **Séculos XIX e XX: a história chega às salas de aula**

(2.1)
43 Historiografia metódica: a história como memorização

(2.2)
50 A Nova História e o velho ensino: história em sala de aula na primeira metade do século XX

Capítulo 3
89 Conceitos para o ensino de história

(3.1)
91 Tempo

(3.2)
98 Sujeito histórico

(3.3)
101 Fontes históricas

(3.4)
107 Anacronismo

(3.5)
109 Memória

Capítulo 4
125 As novas metodologias do ensino de história: experiências práticas

(4.1)
127 Importância do gênero *quadrinhos* no ensino de história

(4.2)
142 Obras de arte como representação

(4.3)
146 Jornais em sala de aula

Capítulo 5
163 **Trazendo o texto literário para a sala de aula: limites, diálogos, tensões**

(5.1)
165 Literatura e história

Capítulo 6
181 **Julgar, punir ou medir?**

(6.1)
183 Avaliação: instrumento de aprendizagem ou mera burocracia?

(6.2)
184 Orientações práticas para a elaboração de itens avaliativos para instrumentos formais

(6.3)
189 Um caminho para avaliar em história

196 *Considerações finais*
201 *Referências*
211 *Bibliografia comentada*
212 *Respostas*
219 *Sobre os autores*

*Para quem não tenha a alma pequena e vil, a experiência
da História é de uma grandeza que nos aniquila.*

HENRI-IRÉNÉE MARROU **(1904-1977)**

Apresentação

Caro leitor:

É com imenso prazer que lhe apresentamos esta obra. Somos dois professores comprometidos com o ensino de história e encontramos nossa vocação na lide diária com alunos de diversas faixas etárias. Quando vemos o encantamento deles pelo conteúdo em pauta e, por conseguinte, mudanças de comportamento e de perspectiva, sentimo-nos satisfeitos com nossas escolhas. No entanto, esse é apenas um dos lados da moeda. Lecionar em nosso país é um grande desafio. Ao lado dos bons momentos, há também os de abismo; nessa dinâmica, a troca de experiências docentes é sempre alentadora.

Nossa intenção não foi escrever um tratado acadêmico, uma tese doutoral de metodologia de ensino de história; ao contrário, utilizamos este suporte para relatar experiências que julgamos bem-sucedidas em sala de aula, a fim de montarmos um pequeno "plano de voo" para aqueles que desejam se lançar no ofício de ensinar nesse campo do saber.

Como historiadores, não poderíamos ignorar aspectos relevantes da história em si e também de seu ensino. Por isso, nos **Capítulos 1 e 2**, discorremos sobre a institucionalização da disciplina de História.

Abordamos a escola metódica e seu apego às fontes históricas escritas e oficiais como certificados de validade da ciência histórica. Em seguida, mostramos o impacto dessa perspectiva na construção da história da humanidade. Dando um passo além, discutimos como a abordagem metódica de História influenciou a maneira de se ensinar essa disciplina no Brasil. Além disso, tratamos das rupturas, após 1930, propostas pelas gerações de historiadores que sucederam os metódicos. Destacamos, ainda, a maneira como os contextos políticos, sociais e econômicos impediram a chegada de novas perspectivas historiográficas, pós-metódicas, às salas de aula brasileiras.

No **Capítulo 3**, abordamos conceitos básicos para o ensino de história, como tempo, sujeitos históricos, fontes históricas e memória, todos eles tributários da revolução pós-metódica ocorrida no campo historiográfico. Buscamos expô-los de forma didática e prática, fazendo, a todo o momento, indicações para um possível aprofundamento nas temáticas trabalhadas.

Nos **Capítulos 4** e **5**, apresentamos algumas maneiras práticas de se ensinar história de forma estimulante e inovadora, pois, para a geração atual de alunos, que é bastante visual e hiperestimulada por novas tecnologias da comunicação, não basta o discurso oral. Assim, elencamos alternativas para o trabalho com imagens, quadrinhos, jornais, charges e obras de arte. No **Capítulo 5**, em específico, dedicamo-nos a demonstrar como se pode levar literatura para uma aula de História.

Por fim, no **Capítulo 6**, cujo foco é a avaliação – tarefa-chave de nosso ofício –, buscamos demonstrar que, em vez de punir, os instrumentos envolvidos nesse processo devem ser os mais reflexivos possíveis.

Boa leitura!

Como aproveitar ao máximo este livro

Esta seção tem a finalidade de apresentar os recursos de aprendizagem utilizados no decorrer da obra, de modo a evidenciar os aspectos didático-pedagógicos que nortearam o planejamento do material e como o aluno/leitor pode tirar o melhor proveito dos conteúdos para seu aprendizado.

Introdução do capítulo

Logo na abertura do capítulo, você é informado a respeito dos conteúdos que nele serão abordados, bem como dos objetivos que os autores pretendem alcançar.

Síntese

Você conta, nesta seção, com um recurso que o instigará a fazer uma reflexão sobre os conteúdos estudados, de modo a contribuir para que as conclusões a que você chegou sejam reafirmadas ou redefinidas.

Indicações culturais

Nesta seção, os autores oferecem algumas indicações de livros, filmes ou *sites* que podem ajudá-lo a refletir sobre os conteúdos estudados e permitir o aprofundamento em seu processo de aprendizagem.

Atividades de autoavaliação

Com estas questões objetivas, você tem a oportunidade de verificar o grau de assimilação dos conceitos examinados, motivando-se a progredir em seus estudos e a se preparar para outras atividades avaliativas.

Atividades de aprendizagem

Aqui você dispõe de questões cujo objetivo é levá-lo a analisar criticamente determinado assunto e aproximar conhecimentos teóricos e práticos.

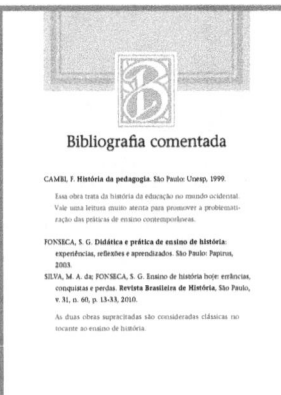

Bibliografia comentada

Nesta seção, você encontra comentários acerca de algumas obras de referência para o estudo dos temas examinados.

Introdução

Nos últimos 15 anos, o campo investigativo do ensino e aprendizado histórico cresceu consideravelmente, tanto no âmbito dos centros de pós-graduação em História quanto no de programas de formação docente, como o Programa Institucional de Bolsa de Iniciação à Docência (Pibid).

A expansão dessa área permitiu novos estudos no campo do ensino de história. Nesse sentido, uma vez que essa esfera do saber é ampla, nossa pretensão aqui não é dar conta de todas as possibilidades neste meio. Almejamos, na verdade, algo bem mais simples: partilhar experiências relacionadas a métodos, conceitos e temas vividos em sala de aula que podem impulsioná-lo a construir, posteriormente, suas práticas docentes com boa margem de segurança.

Por meio desta obra, portanto, você poderá aprofundar seus estudos sobre o tema em questão. Contudo, antes de apresentarmos conceitos, experiências e métodos específicos sobre o ensino de história, optamos por abordar, em linhas gerais, o ensino dessa disciplina no Brasil e os procedimentos adotados para essa atividade.

Assim, tomaremos como ponto de partida a inclusão da disciplina de História nos currículos nacionais e nos aprofundaremos no tema gradualmente, até chegarmos às legislações atuais sobre o ensino da ciência histórica, para que você tenha um panorama geral do assunto.

Capítulo 1
Diferentes enfoques da
história e suas implicações
no processo educativo

Neste capítulo, abordamos a instituição da História como disciplina. Nossa preocupação central é mostrar a repercussão das diversas abordagens historiográficas no ensino dessa área do conhecimento. Dessa maneira, analisamos o historicismo metódico e também a vertente contrária a ele, a escola dos Annales, bem como suas derivações, chamadas *segunda geração annalista* e *terceira geração annalista*. Além disso, fazemos abordagens paralelas e, em alguns casos, imbricadas nessas abordagens. Em suma, a tônica deste capítulo são as dinâmicas historiográficas mencionadas e suas implicações no ensino.

(1.1)
A HISTÓRIA COMO VERDADE

Em geral, devemos iniciar a leitura de um livro pela capa e pela contracapa. Se você fez isso com esta obra, deve ter percebido que ela foi produzida a quatro mãos. Contudo, nessas linhas iniciais, eu, Professor André Luiz Cavazzani, peço licença a você e ao Professor Rogério Pereira da Cunha para assumir a narrativa em primeira pessoa. Faço isso para compartilhar dois casos que ocorreram comigo, os quais, logicamente, têm ligação com o assunto de que iremos tratar.

A narrativa a seguir sempre me vem à cabeça quando inicio um texto sobre história.

> Era uma manhã de agosto e eu me via bastante "enrolado" diante de um dilema intelectual. O cursor piscava incessantemente, sem que se sobreviesse a ele uma mísera palavra, denunciando o "branco" que habitava minha mente. As horas passavam e, quando percebi, me vi em uma modorrenta e pouco produtiva tarde. Escrevia, ou tentava escrever, o último capítulo de uma dissertação de mestrado que deveria ser entregue dali a um mês. O "branco" advinha do impacto causado por uma fonte histórica setecentista[1] que me

---
1   Referente ao setecentos/século XVIII.

havia escapado, cujas informações mudariam todo o encadeamento textual e, principalmente, minhas hipóteses acerca da temática. Quando as ideias finalmente começaram a fluir, fui abruptamente interrompido por um sobrinho de 7 anos, que, naquele tumultuado período da minha existência, passava uma temporada em minha casa:

— Ei, o que você está fazendo? – perguntou ele.

Como explicar e encerrar logo a conversa? Não vou cair na besteira de dizer que estou trabalhando na minha dissertação de mestrado, pois isso vai prolongar o debate.

— Estou escrevendo um livro de história – respondi, sem deixar de sentir-me orgulhoso pela resposta astuta, rápida e verdadeira, didática o suficiente para encerrar o assunto por ali mesmo.

— Hum – suspirou ele –, mas um livro que conta uma história de verdade?

Puxa vida! E eu me achava astuto. Essa pergunta inquietante que ele me fizera é geradora de um complexo debate no campo historiográfico, o qual está longe de se encerrar[2].

Se eu dissesse que escrevia uma história verdadeira, estaria mentindo e, se dissesse que escrevia inverdades, incorreria no mesmo erro. Porém, antes que minha mente voltasse aos embates filosóficos de sempre e eu me perdesse buscando uma forma de explicar a ele por que meu livro era e não era de história de verdade, ele me salvou.

— Quer dizer que você não está escrevendo nenhuma história do tipo Harry Potter, ou seja, história de fantasia? – continuou.

— Não, definitivamente não – afirmei aliviado.

— Pois deveria. Assim você ganharia muito mais dinheiro – ele respondeu.

Deu-se por satisfeito e foi embora, deixando-me com meus dilemas anteriores e, agora, com mais um de ordem econômica.

Como estudiosos da ciência histórica, conhecemos as complexidades do ofício do historiador e da própria epistemologia[3] histórica. Sabemos também que a investigação histórica é permeada, muitas

---

2 Para se aprofundar no tema, indicamos a seguinte obra: SHAFF, A. **História e verdade**. São Paulo, 1995. Outra sugestão interessante é a que segue: REIS, J. C. **História e teoria**: historicismo, modernidade, temporalidade e verdade. Rio de Janeiro: Ed. da FGV, 2008.

3 Tome-se aqui epistemologia *como a reflexão acerca dos objetos, fins e limites de determinado campo científico*.

vezes, por incertezas; sendo assim, nosso ofício nos impossibilita de escrever uma história verdadeira no sentido mais estrito da palavra *verdade*, ou seja, como expressão fiel e inequívoca da realidade. Há quem defenda, inclusive, que o passado não existe, a não ser em nossos pensamentos e em nossas representações.

Por exemplo: Você já tentou se lembrar de uma situação ou de um lugar de seu passado mais distante? Algumas passagens virão facilmente à sua mente, mas, em alguns momentos, você terá a sensação de que foi traído por sua memória e, ao relatar determinados episódios, provavelmente terá a impressão de que essa narrativa não é exata.

Nesse sentido, Toynbee (1987, p. 506) assevera que "o pensamento não pode impedir que se façam violências à realidade no ato de tentar apreendê-la"[4]. Para o autor citado, o ato de lembrar é, na maioria das vezes, bastante impreciso, assim como narrar, discursando ou escrevendo, pode ser uma atividade incapaz de abarcar a completude da realidade (Toynbee, 1987). A conhecida expressão *faltam palavras*, seja para descrever um forte sentimento, seja para expor uma situação assombrosa, é prova inconteste das limitações do ato narrativo ao tentar cingir a realidade.

Algumas pessoas têm mais facilidade para narrar do que outras, mas até mesmo os mais talentosos pelejam com as palavras.

Quando se trata do historiador em específico, há mais um complicador, pois, como ressalta Shaff (1995), ele não parte dos fatos. Afinal, eles já não existem mais quando o estudioso os acessa. Então, de onde partem o historiador e a respectiva construção do conhecimento

---

4 *A obra* Um estudo da história, *de Arnold J. Toynbee, organizada em 12 volumes, tem como objetivo estudar, de forma comparada, a gênese e a queda das civilizações, entre elas a cristã ocidental.*

histórico? Dos materiais históricos e das fontes históricas[5], que não se resumem a documentos escritos, por meio dos quais se **constroem** os chamados *fatos históricos*.

Essa construção, por sua vez, depende diretamente das mediações que o historiador é capaz de fazer. Bloch (2001) sustenta uma analogia interessante com relação ao problema que levantamos agora. Para o autor, o historiador está sempre atrasado: chega tarde ao "laboratório", somente depois que as experiências já terminaram; contudo, esses experimentos deixam "resíduos" e, com base neles, o estudioso pode tirar suas conclusões.

As possibilidades de reunir e ordenar esses vestígios e transformá-los em um produto que resulte em conhecimento histórico são enormes. Elas variam conforme os perfis teórico-metodológicos dos historiadores responsáveis por essas ações e, sobretudo, de acordo com os problemas (indagações, questões etc.) levantados antes de esses pesquisadores inquirirem esses resíduos de passado. Assim, se o passado está dado e não pode mais ser modificado – afinal, ele não existe mais –, seu conhecimento é, e sempre será, uma marcha que segue em progresso (Bloch, 2001). A história, nesse sentido, não admite uma única e tácita verdade.

Ginzburg (1989b) compara o historiador com profissionais como o detetive, o psicanalista e o médico, explicando que, assim como os saberes associados a essas profissões, o saber histórico é indiciário, ou seja, construído com base em indícios. Para o autor citado, "se a realidade é opaca, existem zonas privilegiadas – sinais, indícios – que permitem decifrá-la" (Ginzburg, 1989b, p. 177). Além disso, afirma que, assim como o psicanalista, que pauta suas intervenções pelos

---

5 *No decorrer desta obra, você terá acesso a uma discussão sobre o que nós entendemos por fontes históricas e como podemos utilizá-las em nossas práticas em sala de aula.*

atos falhos de seus pacientes, e o detetive, que colhe suas evidências com base em pequenas pistas (por exemplo, um fio de cabelo ou um pedaço de unha), o historiador também deve estar atento para construir seu saber com base em elementos aparentemente secundários ou insignificantes (Ginzburg, 1989b).

> Independentemente de o saber ser construído com base em pequenos indícios ou em evidências gritantes, o ofício do historiador não deve ser tomado como mero exercício de fantasia ou imaginação. Pelo contrário, as narrativas do historiador são fruto de um proceder metodológico no qual as fontes históricas (vestígios do passado) ocupam um papel central; mesmo assumindo a verdade concreta como algo não totalmente acessível, esse procedimento caracteriza o propósito de se aproximar o máximo possível do que realmente aconteceu.

Portanto, aquilo que distancia os historiadores dos narradores de histórias é a preocupação em montar um quadro do passado com base unicamente em vestígios concretos (documentos, depoimentos, imagens, monumentos, entre outros). Assim, apesar dos vácuos, dos silêncios e das distorções que o separam do conhecimento objetivo do passado, o historiador ancora-se na esperança de que, em virtude de inúmeras análises documentais, é possível saber, com razoável grau de certeza, o que realmente aconteceu em outras épocas.

Nessa direção, todo historiador que se dedica com seriedade a seu ofício deve dominar metodologias de análise documental e também procedimentos de crítica interna e externa de fontes históricas. Além disso, esse profissional precisa conhecer profundamente o contexto que estuda, para que saiba aproveitar os pequenos indícios, que podem representar informações valiosas acerca do passado.

O professor historiador do século XXI deve transpor didaticamente aos alunos as peculiaridades da construção do conhecimento histórico. Assim, em vez de ensinar a eles verdades preestabelecidas e inquestionáveis – no geral, descartáveis –, esse profissional tem o direito reconhecido de repassar-lhes algo muito mais precioso: o método científico em história, por meio do qual os estudantes deixam a posição de meros espectadores do conhecimento histórico e passam a ser construtores de seu conhecimento, alcançando a tão esperada autonomia, que é fruto de uma postura crítica e ativa.

É válido ressaltarmos que *criticidade* não pressupõe que as aulas do docente devem ser fundamentadas em maniqueísmos, opondo o lado do bem ao do mal – subjetivamente definidos –, ou em lógicas prontas e acabadas de explicação do passado. Tampouco significa que, ao explorar determinada temática histórica, o profissional deve realizar um catecismo à esquerda ou à direita, conforme seu posicionamento ideológico ou o da instituição que o abriga. Mais do que isso, o bom professor deve instruir os alunos a formular problemas, ou seja, ajudá-los a entender que há várias versões para um mesmo acontecimento; que o bem e o mal, por vezes, subsistem historicamente em determinada classe, sociedade ou contexto; e que as versões acerca de certos acontecimentos são contaminadas de subjetividades e ideologias.

No entanto, nem sempre se pensou dessa maneira. Durante séculos, os alunos foram encarados como itens subsidiários em relação ao conhecimento e, no âmbito educacional, o papel principal vinha da autoridade representada pelo professor.

O tema *autoridade decorrente do discurso* é bastante abordado pelo filósofo francês e historiador das ideias Michel Foucault (1926-1984). Segundo Lorenzatto (2014), o filósofo questionava

> *os sistemas de exclusão criados pelo Ocidente quando do início da época moderna (na cronologia de Foucault, desde fins do século XVIII):*
> - *o saber médico e psiquiátrico – a patologização e a medicalização como formas modernas de dominação sobre seres econômica e socialmente inconvenientes, os loucos;*

- *o nascimento das ciências humanas e da filosofia moderna como saberes que atestam a invenção do conceito de homem, transformando o ser humano, ao mesmo tempo, em sujeito do conhecimento e objeto de saber: o grande dogma da modernidade filosófica;*
- *a prisão e outras instituições de confinamento (tais como a escola, a fábrica, o quartel) não como um avanço nos sentimentos morais e humanitários, mas como mudança de estratégia do poder, que visa o [sic] disciplinamento e a [sic] docilização dos corpos;*

[...]

No texto *Foucault e a análise do discurso em educação*, de Rosa Maria Bueno Fischer (2001), há uma profícua discussão sobre as relações entre discurso e poder, tendo em perspectiva o ambiente educacional.

(1.2)
Século XIX: educação tradicional e historiografia tradicional

No início do século XX, Émile Durkheim, um dos fundadores da sociologia contemporânea, afirmava que a educação era a influência das gerações mais velhas sobre aquelas que as sucediam. Os jovens deveriam ser educados de forma a absorver dos mais velhos valores e, dessa forma, **reproduzir** a vida social das gerações que os precediam. Portanto, a autonomia do pensamento, a criatividade e o entendimento da presença de uma fase cognitiva para cada etapa da maturação do indivíduo não estavam em pauta. O bom aluno era aquele que, sentado em sua fileira e voltado para o professor, tinha uma capacidade mnemotécnica[6] extraordinária para captar e guardar o conteúdo proferido pelo educador.

Castigos físicos eram comumente aplicados aos alunos mais desatentos. Machado de Assis (2017) descreve uma cena desse tipo: "Estendi-lhe a mão direita, depois a esquerda, e fui recebendo os bolos uns por cima dos outros, até completar doze, que me deixaram as palmas vermelhas e inchadas".

A palmatória foi um dos diversos castigos que marcaram o imaginário escolar sobre o século XIX e boa parte do XX. Convém mencionarmos que os castigos físicos não eram utilizados apenas como punições disciplinares, mas também como correção de erros cognitivos.

Foi justamente no tempo da vigência dessas práticas escolares que aconteceu a institucionalização da História como disciplina. No final do século XIX, essa área do conhecimento foi oficializada como matéria específica, processo que ocorreu no interior de um enquadramento científico pautado pela racionalidade característica da época. Partia-se do pressuposto de que era possível ao historiador estabelecer verdades do mesmo modo como já se fazia nas ciências naturais ou exatas.

A partir deste ponto do texto, demonstraremos os processos de institucionalização da História como disciplina e o eco dessa dinâmica na história ensinada em sala de aula.

---

6 *A mnemotécnica é um método de estimulação da memória. Esse nome vem de* Mnemosyne, *a deusa grega da memória. Antes da invenção dos primeiros alfabetos lineares, os povos ágrafos necessitavam de técnicas eficazes de memorização, visto que todos os processos de transferência de informação se davam por meio da oralidade. Convém ressaltarmos que a habilidade de memorização, muito cobrada nos ambientes educativos no século XIX, é bastante arcaica – atávica, na verdade. Para saber mais sobre esse assunto, recomendamos a leitura da obra* História e memória, *de Jacques Le Goff (1990, p. 366-420).*

1.2.1 INSTITUCIONALIZAÇÃO DA HISTÓRIA COMO DISCIPLINA

Influenciado pelos preceitos positivistas de Auguste Comte, o prussiano Leopold von Ranke introduziu, no final do século XIX, as bases para a institucionalização da disciplina de História; a linha historiográfica lançada por ele ficou conhecida como *escola metódica*. Langlois Seignobos e Foustel de Coulanges são outros representantes referenciados da perspectiva "positiva" da história. É importante salientarmos que o adjetivo *positivo* é tomado com base na perspectiva de Comte (1978, p. 62):

> *a palavra positivo designa* real, *em oposição a quimérico. Desta óptica, convém plenamente ao novo espírito filosófico, caracterizado segundo sua constante dedicação a pesquisas verdadeiramente acessíveis à nossa inteligência, com exclusão permanente dos impenetráveis mistérios de que se ocupa, sobretudo em sua infância. Num segundo sentido, muito vizinho do precedente, embora distinto, esse termo fundamental indica o contraste entre útil e ocioso.*

Portanto, absorvendo as influências comtianas, Ranke supunha que o passado era algo real, concreto, positivo; logo, atingir a veracidade histórica seria completamente possível.

Porém, tendo em vista o cientificismo da época, a veracidade com relação ao passado só poderia ser atingida se alguns critérios fossem seguidos: verificação da legitimidade dos documentos, acúmulo de documentos escritos sobre determinado assunto e, por fim, manutenção de uma postura de afastamento entre o estudioso e seu objeto.

Expressamente fundado na exploração de fontes escritas, o método tradicional buscava apoio em algumas disciplinas tidas como auxiliares, entre elas:

- **Heurística:** ramo da história que se ocupa da pesquisa de fontes e de documentos.
- **Numismática:** estudo histórico, artístico e econômico de cédulas, moedas e medalhas.
- **Diplomática:** estudo de diplomas, cartas e outros documentos oficiais para determinar sua autenticidade, sua integridade e sua data de elaboração.
- **Genealogia:** estudo dos ascendentes e dos descendentes de uma família.
- **Filologia:** estudo histórico do desenvolvimento das morfologias e das fonologias de uma língua.

De acordo com Silva (1976, p. 196),

o ponto de partida do ofício de historiador envolvia pesquisar documentos, reuni-los, classificá-los e, com o amparo das chamadas "ciências auxiliares" da história, proceder à crítica externa, especialmente sobre a origem das fontes; em seguida passar à crítica interna visando à determinação dos fatos para, finalmente, coroar com a construção narrativa, agrupando e ordenando os fatos numa sequência de causalidades.

Na concepção dos metódicos, havia uma hierarquia temática. Assim, as histórias militar, eclesiástica e política deveriam prevalecer como assuntos prioritários no fazer do historiador. A história das pessoas anônimas – que a sofriam, por assim dizer, em razão da fome provocada pelas guerras, das separações causadas pelos processos de unificação nacional e das perseguições religiosas – não era considerada merecedora de um lugar nas preocupações do estudioso. Além disso, privilegiava-se o estudo dos fatos em vez de se dar atenção aos processos de permanências e de rupturas que resultaram nesses mesmos acontecimentos. Esse campo do conhecimento, portanto, deveria ser factual ou, como se diz em francês, *événementielle*. Embora, a partir da década de 1930, os metódicos tenham recebido duras críticas por parte dos historiadores que lhes sucederam, a atuação daqueles intelectuais foi de suma importância para a História como prática acadêmica. Apesar de suas limitações, essa abordagem tradicional trouxe inúmeras contribuições à disciplina.

Em primeiro lugar, foi por meio desses autores que a história foi definitivamente institucionalizada e ganhou independência em relação à filosofia, adquirindo corpo, método e, por fim, epistemologia própria como curso universitário. Em segundo lugar, a atuação dos metódicos evitou que uma grande massa de documentação referente ao passado (pelo menos, o europeu) se consumisse. Isso porque, se a história estava viva nos documentos, como eles postulavam, era preciso que o maior número possível de textos dessa natureza fosse armazenado em lugares próprios, bem como que eles fossem classificados, preservados e disponibilizados aos pesquisadores interessados. Não por acaso, ocorreu nesse momento a fundação dos grandes Arquivos Nacionais, na Europa, que se configuraram em tendência e se espalharam por outras partes do globo.

Ranke e seus seguidores, bem ou mal, estabeleceram um método para a história e impuseram limites objetivos entre o exercício historiográfico e a literatura, realçando a importância das fontes e dos registros históricos para a reconstituição do passado. Essa escola sofreu uma série de críticas, estando a primeira delas, talvez, relacionada ao envolvimento do historiador com seu objeto de pesquisa. Para os estudiosos da abordagem metódica, o historiador deveria frear suas subjetividades, de modo que elas não interferissem no resultado final da pesquisa; ou seja, quem deveria "falar" eram os documentos, e não o historiador.

Mantidos esses critérios, bastava colher o passado, que permanecia vivo nos documentos, tal como se colhe o fruto maduro de uma árvore. Os historiadores contemporâneos, ao olharem em retrospectiva para esse período, certamente caracterizarão seus predecessores como ingênuos. Afinal, é quase impossível o pesquisador se afastar completamente de seu objeto de pesquisa.

Pense em sua realidade: Você tem predileção por alguns temas históricos? Essa preferência é determinada por suas experiências de vida, por sua história pessoal, ou seja, por suas subjetividades. Contudo, a ética deve prevalecer e, ao preparar uma aula, o professor precisa se empenhar de forma igual com relação a todos os temas.

De todo o modo, é importante que o educador tenha consciência de que prefere um tema a outro, para que tenha uma visão mais acurada de sua prática profissional.

Nos dias atuais, sabendo-se que é impossível frear totalmente as subjetividades, assume-se que é necessário, ao menos, controlá-las; entretanto, para que isso se consolide, é preciso fazer também um exame ético e sincero de autoconhecimento. Ser historiador, ou professor historiador, suscita, portanto, uma série de responsabilidades.

Após essa reflexão inicial sobre o regime historiográfico metódico, demonstraremos, no capítulo seguinte, como essas concepções chegaram às salas de aula.

Síntese

Neste capítulo, abordamos a instituição da História como disciplina acadêmica e curricular, processo que teve início no século XIX. Essa iniciativa teve como expoente o alemão Leopold von Ranke, da abordagem denominada *escola metódica*. Longe de adentrarmos em maniqueísmos simplificadores, expusemos alguns pontos positivos dessa iniciativa, como a própria institucionalização da história, a tentativa de criação de um método científico para essa disciplina e a importância do vínculo entre a narrativa histórica e as fontes históricas. Também demonstramos quão restrito era o entendimento metódico acerca das fontes históricas, que, para os estudiosos da época, se resumiam a documentos escritos. Além disso, discorremos sobre a tentativa de alguns pensadores de atribuir uma objetividade científica à história – o que consideramos certa ingenuidade por parte deles –, em sentido homólogo ao das ciências ditas *naturais*. Problematizamos ainda a hierarquização excludente de conteúdos a serem trabalhados em história e, por fim, amparados em Marc Bloch e Carlos Ginsburg, contrapusemos algumas bases metódicas dessa área do saber.

Indicações culturais

Livros

Algumas das questões que introduzimos de maneira simplificada neste capítulo suscitaram profundas reflexões entre os historiadores. No campo historiográfico, há uma área especializada em discussões epistemológicas, geralmente chamada de *teoria da história*. Indicamos, a seguir, alguns livros a respeito desse assunto:

MALERBA, J. (Org.). **A história escrita**: teoria e história da historiografia. São Paulo: Contexto, 2006.
PROST, A. **Doze lições sobre a história**. Belo Horizonte: Autêntica, 2008.
REIS, J. C. **História e teoria**: historicismo, modernidade, temporalidade e verdade. 3. ed. Rio de Janeiro: FGV, 2006.
SHAFF, A. **História e verdade**. São Paulo: M. Fontes, 1995.

Atividades de autoavaliação

1. No trecho a seguir, há considerações que remetem a uma vertente historiográfica europeia. Leia-o com atenção:

   > A historiografia europeia, numa época em que só havia História científica na Europa, escreveu, desde meados do século XIX e em boa parte do século XX, a História do homem como história da civilização cristã ocidental e, embora menos abertamente, do processo de formação dos principais estados-nações europeus.

   Fonte: Guarinelo, 2004.

   Com base nesse texto e em seus conhecimentos, marque V para as afirmativas verdadeiras e F para as falsas:

   ( ) O trecho apresentado faz menção às principais temáticas da historiografia metódica, como a civilização cristã e a formação dos Estados nacionais.

   ( ) O trecho menciona, indiretamente, a escola dos Annales, que aborda os processos históricos a partir da origem dos Estados-nações.

   ( ) O trecho concilia as vertentes metódicas e annalistas – a primeira preocupada com a história do homem europeu, e a segunda, com a história da Igreja.

   ( ) O trecho faz menção à história científica, invenção característica do século XIX, que teve os metódicos como seus árduos defensores.

   Assinale a alternativa que corresponde à sequência correta:

   a) V, F, F, F.
   b) V, F, F, V.
   c) F, V, F, F.
   d) V, F, V, V.

2. Leia o trecho a seguir, que menciona a chamada *história-problema*:

> Contra uma historiografia positiva e *événementielle*, que se apoiava em fatos, grandes nomes e heróis e assim constituía pautas e agendas históricas naturalizadas, Bloch inaugurou a noção de "história como problema".

Fonte: Schwarcz, 2001, p. 7.

Com relação à entrada nas escolas dos princípios historiográficos alinhados à história-problema, marque V para as afirmativas verdadeiras e F para as falsas:

( ) Em função da presença de Fernand Braudel na Universidade de São Paulo (USP), os preceitos annalistas chegaram às escolas brasileiras nos anos 1930.

( ) O auge da história-problema nos currículos de História das escolas brasileiras deu-se no período da ditadura militar.

( ) O autor a quem o excerto faz menção foi um dos fundadores da escola dos Annales.

( ) A ligação do conteúdo de história à memorização de datas e nomes, durante a maior parte do século XX, estava relacionada às perspectivas positivistas mencionadas no trecho citado.

Assinale a alternativa que corresponde à sequência correta:

a) F, F, V, V.
b) V, V, V, V.
c) F, F, F, V.
d) F, V, V, F.

3. A respeito da isenção do historiador com relação ao seu objeto, analise o trecho a seguir:

> Em história, é de valor incalculável, sem dúvida, a visão de determinado momento, em sua realidade, em sua evolução específica: o específico encerra em si o geral. Todavia, permanece sempre a exigência de encarar o todo, de um ponto de vista isento; aliás, é também o que de algum modo buscamos; da diversidade das percepções isoladas irá surgir natural e espontaneamente uma noção de unidade.

Fonte: Ranke, 1979, p. 146.

Com base nesse texto, marque V para as afirmativas verdadeiras e F para as falsas:

( ) Dizem os annalistas que, assim como nas ciências naturais, é perfeitamente possível ao historiador não se envolver (afetiva, emocional e ideologicamente) com seu objeto de estudo.

( ) Os metódicos acreditavam que seria impossível ao historiador separar seus afetos, suas preferências e seus gostos pessoais de seu objeto de estudo.

( ) A cientificidade em história é um tema caro tanto aos annalistas quanto aos metódicos. Contudo, as duas vertentes mantêm posicionamentos diferentes com relação à objetividade histórica.

( ) A noção de unidade, para os metódicos, relaciona-se à pretensão de incluir na história o estudo das massas anônimas em detrimento do estudo dos grandes heróis ocidentais.

Assinale a alternativa que corresponde à sequência correta:

a) F, F, V, V.
b) V, F, F, F.
c) V, F, F, V.
d) F, F, V, F.

4. Ao pensar a institucionalização e os objetos de estudo da disciplina de História, os historiadores metódicos propuseram uma hierarquização temática. Sobre esse assunto, assinale a alternativa correta:

a) Os historiadores metódicos sofreram influências dos paradigmas positivistas. Para eles, o principal tema da história deveria ser a história da ciência.
b) Egressos de uma sociedade profundamente patriarcal, os historiadores metódicos desejavam desconstruir programas historiográficos misóginos. Para tanto, elegeram as mulheres para figurar no topo da hierarquia dos grandes temas de história.
c) A hierarquização temática proposta pelos historiadores metódicos foi a linha de força da historiografia ao longo do século passado. No século XX, pouco se estudou além dos grandes homens da história, suas guerras e suas instituições.
d) Os historiadores metódicos institucionalizaram a história no contexto da formação dos Estados nacionais. Imbuídos do espírito desse contexto, acreditavam que os historiadores deveriam eleger como temas de maior importância as histórias militar, política e eclesiástica.

5. Leopold von Ranke e seus homólogos franceses ficaram conhecidos como *historiadores metódicos* porque propunham um método científico para a história. Assinale a alternativa que apresenta características condizentes com esse método:
   a) Para os metódicos, a interpretação do historiador deveria prevalecer sobre o conteúdo da fonte histórica. Em seu método, importava menos o conteúdo da fonte e mais a interpretação que o historiador lançava sobre ela.
   b) No contexto da concepção historiográfica metódica, foi imprescindível a coleta de depoimentos orais; afinal, para os metódicos, o passado ainda estava vivo nas pessoas mais idosas.
   c) Os metódicos criticaram, em larga escala, o uso estrito de documentos escritos. Para eles, deixar de lado outras fontes históricas, como imagens, era anticientífico.
   d) Para os metódicos, o passado jazia inteira e objetivamente na fonte. O papel do historiador era intervir minimamente para deixar o passado transbordar livremente da fonte, por excelência, escrita.

Atividades de aprendizagem

Questões para reflexão

1. A História é uma disciplina caracterizada pelo exercício de abstração. Não é incomum os estudiosos dessa área se depararem com olhares pejorativos e acusatórios, nos quais está subentendida a ideia de que estudar o conteúdo desse campo do saber não serve para nada. São frequentes perguntas como: "Você é historiador?" e "Fora isso, você trabalha?".

Essa visão de senso comum repercute, inclusive, no currículo escolar. Você já comparou, por exemplo, a quantidade de horas reservadas para a Matemática com as destinadas à História? Convém ressaltarmos que esta última não é o mero estudo de fatos passados, mas, sim, o estudo do homem no tempo. É aí que essa área ganha significação e importância. Se as sociedades são formadas por seres humanos, estudar aquelas que nos precederam ilumina, e muito, os entendimentos sobre nossa própria sociedade. Como se diz, um povo que não conhece sua própria história fenece feito árvore que não tem raiz. Nesse contexto, comente e problematize a importância dos metódicos.

2. As primeiras versões da história ensinada em sala de aula resumiam-se à memorização de nomes, datas e efemérides. Elas se apresentavam como um conteúdo pronto, acabado, que não demandava problematização. Era o resultado da confluência das perspectivas da história tradicional, que enfatizava o passado como campo de estudo da constituição dos Estados nacionais e do poder religioso, com o ensino tradicional, que considerava que os alunos deveriam receber conhecimento pronto e acabado, sem a necessidade de problematizá-lo. Assim, seria mais importante, por exemplo, guardar a data de certa emancipação nacional do que compreender seus impactos conjunturais nas estruturas social, demográfica, econômica e étnica do país. Esse modelo mais tradicional de ensino de história ainda persiste em nosso país? Justifique sua resposta.

Atividade aplicada: prática

1. Neste capítulo, fizemos uma alusão ao contexto oitocentista de ensino. Na obra *Conto de escola*, Machado de Assis evidencia os castigos corporais aplicados sem reservas nas escolas de outrora. Aliás, esse ilustre autor criou textos interessantes para se educar a imaginação com relação ao século XIX no Brasil.

   Para a realização desta atividade, leia o texto indicado a seguir, no qual se faz, a princípio, uma contextualização de alguns trabalhos de Machado de Assis e, em uma segunda etapa, uma relação interessante entre história e literatura:

   RONCARI, L. Machado de Assis: o aprendizado do escritor e o esclarecimento de Mariana. **Teresa: Revista de Literatura Brasileira**, São Paulo, n. 6-7, p. 79-102, 2006. Disponível em: <http://www.revistas.usp.br/teresa/article/view/116609/114197>. Acesso em: 10 maio 2017.

   Após a leitura do artigo, realize uma pesquisa para reunir exemplos de como a temática da escravidão é retratada nos contos de Machado de Assis. Uma dica: leia, especialmente, o conto *Pai contra mãe*.

Capítulo 2
Séculos XIX e XX: a história
chega às salas de aula

Diversas questões relacionadas à institucionalização disciplinar da história permeiam este capítulo: Qual história era ensinada nas salas de aula brasileiras no século XIX? Sobre quais bases teórico-metodológicas se estabeleceu o ensino de história no Brasil? Quais as permanências e as rupturas ao longo dos processos de institucionalização da história? Quais as repercussões delas ao longo do século XX nas salas de aula do país?

(2.1)
HISTORIOGRAFIA METÓDICA: A HISTÓRIA COMO MEMORIZAÇÃO

Até algum tempo atrás, sobretudo na primeira metade do século passado, a disciplina de História era fundamentada na memorização de datas, nomes de personagens e eventos marcantes – pauta intimamente ligada a uma concepção metódica da história. Embora inúmeras mudanças tenham ocorrido, ainda é comum os alunos relacionarem a História a uma disciplina enfadonha. Como essa concepção de ensino vigorou por muito tempo, alguns aspectos do método tradicional de lecionar História permanecem na contemporaneidade.

O campo historiográfico passou por uma notável reconfiguração epistemológica a partir da década de 1920. Entretanto, os preceitos construtivos de um novo método de ensinar a disciplina – em oposição ao de fixação de datas, heróis e eventos – tardou a chegar ao contexto escolar brasileiro. Somente nos anos 1980, especialmente após o término da ditadura militar, essa Nova História começou a ser difundida nas escolas.

Antes de avançarmos para as discussões acerca das escolas históricas, como a Nova História, que surgiram após os métodicos positivistas, debruçaremo-nos sobre o período em que vigorava a concepção tradicional de história, problematizando-a.

A concepção do ensino escolar como um valor para todas as classes sociais, com vistas à construção da cidadania, não fazia parte do contexto da época. De maneira geral, poucos tinham acesso ao ensino, e foi a concepção mais tradicional que o regeu quando as massas também passaram a ser atendidas. Mas, quando, especificamente, a História passou a ser uma disciplina escolar obrigatória em nosso país?

Na primeira metade do século XIX, o Brasil, recém-independente, buscava se afirmar como Estado Nacional, e a criação do Colégio Dom Pedro II, no Rio de Janeiro, foi um marco importante. Nessa época, o currículo de História dividia-se em uma história sagrada, que seguia uma cronologia própria, coerente com a liturgia católica romana, e outra laica, também chamada de *profana*, cujos marcos temporais eram definidos pelo Estado. O conteúdo desta última organizava-se com base na história da Europa Ocidental, sobretudo, da França.

Um dos autores que vos escreve, certa vez, à época em que preparava sua tese de doutorado, teve acesso à biblioteca de Antonio Vieira dos Santos, um indivíduo letrado que viveu nesse período. Lá estavam armazenados títulos como *Cartilhas da Doutrina Christã*, *Ditos do General Bonaparte*, *História de Alexandre Magno*, *História de Bonaparte* e *Os verdadeiros interesses da pátria*. O dono da biblioteca não era professor do Colégio Dom Pedro II, mas, em alguns momentos, dava aulas particulares. Seu repertório acerca do conteúdo histórico que então se ensinava parece coerente com as premissas vigentes nessa instituição de ensino. Basta consultarmos as obras supracitadas para percebermos nessa biblioteca as inclinações religiosas e patrióticas e a presença da história francesa.[1]

Segundo o historiador Manoel Luiz Salgado Guimarães (1988), a sistematização da história do Brasil tornou-se viável à medida que se processava a consolidação do Estado imperial. Isso porque o século XIX brasileiro foi também um período de dissensões e de ameaças separatistas por parte de alguns grupos.

Assim, naquele tempo, era necessário garantir ao Império do Brasil uma identidade própria no conjunto mais amplo das nações, bem como uma identidade que proporcionasse coesão entre todas as áreas do território imperial. A busca por um perfil mais específico acerca da história do Brasil foi uma das diretrizes norteadoras para a criação do Instituto Histórico e Geográfico Brasileiro (IHGB), em 1838. Tal instituto reunia um corpo heterogêneo de intelectuais, médicos, botânicos, engenheiros e militares, que, sob a chancela de Dom Pedro II, buscavam pensar o Brasil conforme os parâmetros científicos tipicamente oitocentistas. Esse pensar científico abrangia aspectos da demografia, da geografia, da fauna, da flora e, até mesmo, da história nacionais. Os intelectuais se reuniam para palestras e debates, e suas conclusões eram publicadas em revistas, dossiês e boletins. É válido ressaltarmos que toda a produção intelectual desses estudiosos pode ser consultada no acervo *on-line* do IHGB – trata-se de um excelente material documental para se trabalhar em sala de aula.

Em 1838, cerca de 16 anos após a independência, ainda não havia uma história escrita a respeito do Brasil como nação, o que preocupava a elite letrada e política. É possível interpretar essa falta

---

1 Se esse assunto despertou seu interesse, consulte o seguinte livro: CAVAZZANI, A. L. M.; GOMES, S. A. R. *Antonio Vieira dos Santos: reminiscências e outros escritos.* Curitiba: Ed. da UFPR, 2014.

de documentos como um indício de que havia uma lacuna importante referente à consolidação do Estado Nacional. Assim, em 1840, o IHGB editou um prêmio de 200 mil réis para o intelectual que elaborasse o melhor plano para a escrita da história do Brasil. O vencedor do prêmio foi Karl Friedrich Philipp von Martius, de origem alemã (bávara). Sua dissertação, intitulada *Como se deve escrever a história do Brasil*, foi publicada na *Revista IHGB* em 1845. Nesse caso, convém lembrarmos a origem, também alemã, da história metódica. Não se trata de coincidência: Von Martius respirava o ar de seu tempo e de sua cultura originária. Botânico, antropólogo e médico, chegou ao Brasil na comitiva imperial, acompanhando a grã-duquesa austríaca Leopoldina, que vinha ao país para ser recebida como esposa de D. Pedro I. Viajou por cerca de oito meses pela Bacia Amazônica e deixou um legado importantíssimo para a botânica.

No tocante a seu plano para a escrita da história do Brasil, Von Martius sugeriu como pano de fundo a formação do povo desse país, destacando a mescla das três raças (indígena, branca e africana) e as relações delas com os fatores naturais. Nessa construção, reconhecia as especificidades dos indígenas como o elo de uma "história perdida", o que ampliou os leques de discussão sobre os movimentos indigenistas brasileiros. Já com relação aos africanos, ou *raça etiópica*, designação que preferia usar, Von Martius menosprezava suas contribuições, limitando-se a observar que "Não há dúvida de que o Brasil teria tido um desenvolvimento muito diferente sem a introdução dos escravos negros" (Martius, 1845, citado por Ganzer, 2013, p. 37).

Quanto à raça que o autor denominou *branca*, a história deveria conter elogios de seus heróis portugueses dos passados distante e recente, algo que expressasse uma confiança incondicional em seus descendentes. Em outras palavras, não deveria falar de tensões, separações, contradições, exclusões, conflitos, rebeliões e insatisfações.

Outra perspectiva que não fosse essa, segundo Von Martius, levaria nosso país à guerra civil e à inevitável fragmentação, ou seja, abortaria o Brasil que lutava para constituir-se como uma nação poderosa. Contudo, o que Von Martius havia escrito era um plano, e não a história pátria propriamente dita. A missão de transformar esse projeto em texto foi, então, assimilada por Francisco Adolfo de Varnhagen. Sua narrativa nacional para o Brasil foi consolidada em dois volumes, chamados de *A história geral do Brasil*, cuja publicação ocorreu entre 1854 e 1857.

É interessante notarmos que, de certo modo, havia novamente um germânico associado à construção de uma narrativa histórica do Brasil. Embora tivesse nascido nas cercanias de Sorocaba, no estado de São Paulo, Varnhagen era filho de uma portuguesa com um alemão (engenheiro que atuava no Brasil, contratado pela Corte imperial). Intelectual de renome, teve uma passagem marcante pelo IHGB e foi um diplomata importante da Coroa brasileira. O contato com a diplomacia permitiu-lhe visitar arquivos europeus, sobretudo ibéricos; imbuído do espírito metódico de sua época, reuniu uma quantidade assombrosa de documentos sobre o Brasil Colonial. A título de curiosidade, vale comentarmos que é atribuída a Varnhagen a descoberta do jazigo de Pedro Álvares Cabral, no Convento da Graça, em Santarém, Portugal.

No entanto, mais do que pela pessoa de Varnhagen, interessamo-nos por sua obra, uma vez que instruiu parte dos currículos acerca da história do Brasil, os quais foram, posteriormente, implementados nas escolas, inclusive no Colégio Dom Pedro II.

Seguindo – nem sempre declaradamente – a planificação proposta por Von Martius, Varnhagen montou uma história cronologicamente ordenada, que tinha como tema candente um elogio da colonização portuguesa, considerada heroica, e também de sua consequência, a monarquia implantada no Brasil. Com um viés maniqueísta, buscou fundar a nação a partir do período das invasões holandesas e da heroica resistência dos colonos. Pinsky (2008, p. 15) faz uma crítica ácida, mas verdadeira, ao texto de Varnhagen:

> A ideia de que o Brasil (que não era independente, à época) fora invadido pelos holandeses que aqui se estabeleceram à revelia dos proprietários dos engenhos de açúcar está na base de uma historinha contada até hoje aos jovens em manuais didáticos. Aí temos os personagens secundários da novela: os índios maus (aliados dos holandeses) e os índios bons e patriotas (ajudando os portugueses); temos também a figura cujo nome é até sinônimo de "traidor" do Brasil, Calabar, que teria de amigo "nosso" se tornado amigo "deles"; e temos, finalmente, o "sentimento nativista", um nacionalismo avant la lettre, fruto do suposto encontro de negros, índios e brancos, todos envolvidos pelo sentimento comum de identidade nacional.

Isso posto, é possível ter um pouco mais de clareza sobre o nascimento da historiografia brasileira e de como ela se deixou influenciar pela liturgia metódica: a temática dos grandes heróis e dos eventos fundadores, o ufanismo em relação ao nascente Estado Nacional brasileiro etc. Todos esses elementos ganharam evidência se comparados às pálidas referências às outras peculiaridades da história brasileira, entre elas a mescla de raças.

Foi justamente essa versão metódica e ufanista que, em 1895, chegou às salas de aula como conteúdo letivo de História. Nesse momento, a História do Brasil, como disciplina distinta de História da Civilização, instituiu-se nos contextos escolares. Seguindo a liturgia alemã, por assim dizer, caracterizava-se pela cronologia política e pelo estudo da biografia de brasileiros ilustres e de acontecimentos considerados relevantes para a afirmação da nacionalidade. A disciplina de História tinha, portanto, uma clara função: demarcar as origens do Brasil com o objetivo de construir uma identidade nacional homogênea, relacionando o país a uma perspectiva de progresso, que deveria diferenciá-lo dos territórios limítrofes, especialmente daqueles egressos da colonização espanhola (Abreu; Soihet, 2015).

Houve uma reorganização política no Brasil entre o final do século XIX e a década de 1930: de monarquia, o país passou a república. Nesse período, entretanto, verificaram-se apenas mudanças sutis na produção historiográfica brasileira, até mesmo no que se referia a seu ingresso em sala de aula.

Para a intelectual Elza Nadai (1984), a construção da nacionalidade brasileira, pautada por homogeneidade, ordem e progresso – temáticas essencialmente positivistas –, em conjunto com o incentivo à constituição de valores cívicos e ufanistas –, configurou-se como temática dominante no ensino de história tanto no período monárquico quanto na Primeira República. Como reflexo da ideologia dominante naquele contexto, não havia interesse em mostrar as sujeições que marcaram o relacionamento metrópole-colônia ao longo de boa parte do período colonial, muito menos as consequências sociais do processo de escravização de africanos e de seus descendentes, como as relações de tensão em uma sociedade de ordens e as altas taxas de analfabetismo e de exclusão social. Ainda de acordo com Nadai (1984), em geral, repetia-se a liturgia da contribuição do negro e do indígena coordenados pelo branco. Este último era tratado como elemento civilizador que assumiu a liderança dos processos de formação nacional diante de raças consideradas inferiores ou imaturas.

(2.2)
A Nova História e o velho ensino: história em sala de aula na primeira metade do século XX

A década de 1920 configurou-se como o início de um momento para se repensar a história do Brasil, bem como sua relação de dependência para com Portugal e o corolário eurocêntrico acerca da história do país. Foi um período de ebulição cultural, de se repensar o Brasil ou, então, de se repensar o que era ser brasileiro, com base em pressupostos não eurocêntricos. Por exemplo: a máxima *Tupi or not Tupi, that is the Question*, presente no *Manifesto antropofágico*, de Oswald de Andrade, sintetiza uma das tendências modernistas presentes nesse contexto. Não se negava a influência europeia no Brasil, contudo se buscavam formas de absorvê-la, para recriá-la de modo autêntico e coerente com a realidade nacional. Em outras palavras, Oswald de Andrade propôs a devoração simbólica da cultura do colonizador europeu sem, no entanto, perdermos nossa identidade cultural.

O autor Sérgio Buarque de Holanda (1976), que manteve vínculos com o movimento modernista, retomou as raízes explicativas do estágio de desenvolvimento econômico, histórico e social do Brasil, a fim de encontrar essa identidade nacional. Embasado pela matriz teórica e sociológica de Max Webber, fez uma radiografia do "ser brasileiro", abrangendo a dificuldade quase atávica de se distinguir o âmbito público do privado, as origens históricas do "jeitinho brasileiro", entre outras temáticas que permanecem atuais. Todavia, ele não foi o único que, de uma perspectiva histórica, buscou pensar o Brasil de forma diferente daquela proposta pelos metódicos.

Nessa mesma época, os autores Caio Prado Júnior e Gilberto Freyre também foram notáveis como intérpretes pioneiros no Brasil.

Em sua obra *Formação do Brasil contemporâneo*, Prado Júnior (1995) faz uma abordagem marxista da história, de modo a demonstrar, em aspectos gerais, os processos de sujeição da colônia brasileira a Portugal, sua metrópole, a partir do chamado *Pacto Colonial*. Gilberto Freyre (2006), por sua vez, influenciado sobretudo por correntes da sociologia e da antropologia social, produziu o ensaio *Casa-grande e senzala*, em que faz uma análise do processo de miscigenação e de trocas culturais entre indígenas, africanos e portugueses. Com um estilo de escrita único e um texto carregado de erudição, esta obra é bastante polêmica e, ao mesmo tempo, interessante. Os detratores acusam Freyre de ter pintado o processo de escravização vivido no Brasil de forma branda e açucarada, originando, assim, o mito da democracia racial. Em todo o caso, não podemos deixar de destacar que o autor tocou nas feridas do racismo e da hierarquização social brasileira, de matriz profundamente racial, abordando as problemáticas da escravidão e da miscigenação.

2.2.1 A GERAÇÃO DE 1930, A ESCOLA DOS ANNALES E SUAS INFLUÊNCIAS NO ENSINO BRASILEIRO

Embora não sejam nomeados explicitamente pelos autores mencionados anteriormente, há em suas obras elementos característicos dos preceitos da escola dos Annales. A interdisciplinaridade; a preocupação em interpretar o passado, e não meramente em descrevê-lo; e o vínculo entre essa interpretação e as problemáticas do presente são aspectos que tangenciam os métodos defendidos pela referida escola. Convém destacarmos ainda que, em tais livros, datas, acontecimentos e personagens importantes são enfatizados com menor intensidade.

Porém, em um livro sobre metodologia de ensino como este, precisamos indagar: Como e quando o novo tom historiográfico adotado pela geração de 1930 e a mudança de regime historiográfico provocada pela escola dos Annales afetaram o ensino de história em nosso país?

Primeiramente, precisamos contextualizar o que foi a escola dos Annales, para, depois, traçarmos um panorama do ensino no Brasil a partir dos anos 1930.

É certo que muita tinta já foi gasta para mapear, localizar e criticar a contribuição annalista para o regime historiográfico contemporâneo. Entretanto, nosso foco não é o aprofundamento desse debate; por isso, atemo-nos a apresentar alguns contrapontos dos annalistas em relação aos metódicos.

> Novamente peço licença ao Professor Rogério Pereira da Cunha, agora para contar um segundo caso pessoal. Lembro que iniciei a graduação em História pouco antes de meu avô falecer. Uma de nossas últimas conversas foi justamente sobre minha opção de ser historiador. Quando contei isso a meu avô, ele se assustou: "Como meu neto conseguirá se manter? Por que não vai ser doutor (para ele, sinônimo de advogado ou médico)?". Passado o susto, ele riu afetuosamente e começou um pequeno jogo, indagando por quem e quando o Brasil havia sido "descoberto". Depois me perguntou de Tiradentes, a data da independência do Brasil e, por fim, o nome completo de D. Pedro II[2]. Eu não soube responder a todas as perguntas, e ele, satisfeito, deu-se por vencedor do pequeno combate.
>
> As perguntas que meu avô lançou e o conteúdo que considerou como de história estão intimamente ligados a uma concepção metódica da área. Essas questões não eram inocentes e refletiam a história tal como ele havia aprendido nos bancos escolares, fundamentada na memorização de datas, nomes de grandes personagens e eventos marcantes. Portanto, as pautas metódicas no quadro de referências históricas de meu avô não eram mera coincidência.
>
> Ele frequentou a escola – apenas o primário – em fins da década de 1930. Porém, em pleno século XXI, quando iniciei minha prática de ensino (sobretudo, ensino superior e educação de jovens e adultos – EJA), ao questionar os

---

2 *Pedro de Alcântara João Carlos Leopoldo Salvador Bibiano Francisco Xavier de Paula Leocádio Miguel Gabriel Rafael Gonzaga de Bragança e Áustria.*

> alunos sobre o que pensavam de História, descobri que muitos a viam como uma disciplina enfadonha, fundamentada na memorização dos elementos anteriormente citados. E isso não foi por acaso. Afinal, como já dissemos, essa concepção de ensino vigorou por muito tempo; portanto, alguns aspectos do método tradicional de lecionar história ainda permanecem.

Se o regime historiográfico metódico insistia nos valores de civismo e de ufanismo, na Europa eles foram postos em xeque. Leia, a seguir, o refrão de um canto que, de meados para fins do século XIX, era entoado e ensinado nas aulas de História da escola maternal e dos cursos elementares franceses.

Para ser um homem, é preciso saber escrever
E em pequeno, aprender a trabalhar.
Pela Pátria, uma criança deve instruir-se
E na escola aprender a trabalhar.
Soou a hora, marchemos a passo,
Jovens crianças, sejamos soldados. (Martin; Bourdé, 1983, p. 111)

Muitas dessas "jovens crianças" viraram, de fato, soldados, encontrando a morte nas trincheiras e nos campos das guerras mundiais, uma vez que a ascensão dos regimes totalitários provocou tragédias, tais como o holocausto. Nessas épocas de guerra, muitos intelectuais se perguntavam: Para que serviu a função cívica da história e, por suposto, o ufanismo e o chauvinismo daí decorrentes? A resposta é inevitável: Para gerar guerras, mortes e destruição.

Os ideais de superioridade da civilização ocidental europeia também foram duramente questionados, principalmente a partir dos processos de descolonização da Europa e da Ásia. Afinal, quando eles se iniciaram, ficou evidente para a opinião pública mundial que a tal "civilização" europeia não impediu que o "mundo civilizado" reabilitasse a escravidão na África Subsaariana, o trabalho infantil e outras formas abjetas de dominação imperialista. No bojo dessas reflexões, as concepções historiográficas vigentes na época foram revistas. Nesse sentido, os cânones da história metódica, muito voltados a uma abordagem patriótica, passaram a ser foco de questionamentos ácidos, disseminados, a princípio, pelos editores do periódico francês *Annales d'Histoire Économique et Sociale*, fundado em 1929. Esse foi, por sinal, um ano explosivo: a quebra da Bolsa de Valores de Nova Iorque provocou uma severa crise econômica mundial, que, associada às perspectivas cívicas e ufanistas da história, fortaleceu os discursos nacionalistas e xenófobos, os quais se constituíram no fermento dos movimentos totalitaristas, entre eles o nazismo. Neste ponto do texto, vale mencionarmos a obra *Apologia da história ou o ofício de historiador*, escrita por Marc Bloch em uma prisão da Gestapo, onde mais tarde seria fuzilado. O manuscrito só foi publicado posteriormente, depois que, terminada a guerra, o filho do autor teve acesso aos escritos do pai.

Os editores da revista citada no parágrafo anterior eram os historiadores Marc Bloch e Lucien Febvre. A fundação desse periódico configurou-se em um marco de viragem do regime historiográfico europeu e desencadeou um processo de mudanças nesse campo. Portanto, não seria exagero nosso afirmar que, como disciplina, a História foi uma antes dessa revista e outra completamente diferente depois da organização dos Annales e da difusão do ideário expresso no mesmo periódico. Esse processo foi tão significativo que marcou os historiadores envolvidos nesse projeto como *geração dos Annales* ou *escola dos Annales*. A revista ainda existe e, no decorrer de sua publicação, foi possível identificar cerca de três gerações de annalistas.

Marc Bloch e Lucien Febvre foram representantes da primeira geração. Em um mundo sacudido pelo nazi-fascismo, a revista denunciava os usos nacionalistas da história e a produção de uma história muito centrada no acontecimento e no político, tendo como alvo os grandes homens, os heróis nacionais. Porém, esses historiadores não se restringiram a esse periódico; eles também realizaram produções individuais, e suas obras marcaram a posição annalista acerca da história. Em *Apologia da história ou o ofício de historiador*, Marc Bloch (2001) faz apologia a uma história em oposição à perspectiva metódica, e Lucien Febvre (1989), em *Combates pela história*, propõe um combate contra os próceres da perspectiva historicista.

Bloch (2001) sintetiza as prerrogativas annalistas com relação aos metódicos, os quais partiam da concepção de que a história se constituía como o estudo do passado. O autor abalou essa noção, levantando a seguinte questão: Como estudar algo que não existe mais? Depois, sentenciou: a história não é o estudo do passado, mas o estudo do homem no tempo. Para Bloch (2001, p. 18), o foco da história é, portanto,

> *a duração, [...] matéria concreta do tempo, e a aventura [...], forma individual e coletiva da vida dos homens, arrastados ao mesmo tempo pelos sistemas que os superam e confrontados a um acaso no qual se exprime com frequência a mobilidade da história.*

Dessa sentença advém o segundo choque entre os annalistas e os metódicos. Se, para estes, os grandes homens da história eram os papas, os reis e os generais vitoriosos, para aqueles, a resposta era infinitamente mais plural e abrangente. Segundo Bloch (2001, p. 20), "O bom historiador se parece com o ogro da lenda. Onde fareja carne humana, sabe que ali está sua caça". Nesse sentido, foi basicamente após o advento annalista que surgiram historiadores interessados na história das mulheres, das crianças, dos camponeses, dos trabalhadores, dos escravos etc., enfim, dos novos sujeitos da história, dos quais trataremos no próximo capítulo. Assim sendo, as grandes massas anônimas foram ganhando, pouco a pouco, a restituição de seu direito a uma história.

Além de ampliar a noção de sujeitos históricos, os annalistas levavam em consideração as complexidades do ser humano. Para Bloch (2001, p. 20), "a verdadeira história interessa-se pelo homem integral, com seu corpo, sua sensibilidade, e não apenas suas ideias e atos". Essa concepção abriu espaço para o surgimento de trabalhos competentes acerca da história da família, do sexo, do casamento, do amor, do corpo, dos sentimentos, entre outros temas. A noção de história se amplificou para alcançar a ideia de história total, ou seja, de que **tudo é história**.

Todavia, para suportar um conceito de história tão abrangente, outra operação historiográfica fundamental foi sugerida pelos annalistas em oposição aos metódicos: a concepção de **fonte histórica**. Se, para os metódicos, a concepção de fonte se resumia aos documentos escritos, Bloch (2001, p. 79-81) afirma que

> *A diversidade dos testemunhos históricos é quase infinita. Tudo que o homem diz ou escreve, tudo que fabrica, tudo que toca pode e deve informar sobre ele. [...] os fatos humanos são mais complexos que quaisquer outros.*

Assim, ampliou-se de maneira inédita a concepção de fonte histórica. O documento escrito perdeu sua exclusividade como tal, passando a ser apenas mais um entre tantos vestígios do passado passíveis de serem convertidos em fonte histórica pelos historiadores.

A crítica fundamental dos annalistas aos metódicos diz respeito à objetividade histórica. Para estes últimos, o passado era tido como um dado positivo, plenamente verificável pelos documentos escritos e pelo historiador; menos do que interpretar, deveria se extrair do documento o passado que ali jazia. Embora já tenhamos tangenciado esse assunto, convém retomá-lo por meio das palavras de Aguirre Rojas (2007, p. 21), que, ao criticar os metódicos, lembra-se do "verdadeiro horror [mantido pelos metódicos] a toda interpretação que superasse, no mínimo que fosse, a simples descrição dos dados 'duros', presentes nos documentos escritos de arquivos e transcritos com toda a precisão nas notas de rodapé".

Opondo-se a essa pretensa passividade do historiador em face dos documentos escritos, Bloch (2001) anuncia as bases de uma história-problema: antes de se debruçar sobre as fontes, o historiador deve ter ciência do contexto de produção dos documentos e, a partir disso, saber examiná-los e interpretá-los, problematizando suas análises. Contrário aos metódicos, Bloch (2001, p. 8) afirma que "mesmo o mais claro e complacente dos documentos não fala senão quando se sabe interrogá-lo".

De fato, os questionamentos dos annalistas com relação aos metódicos permitiram o surgimento de uma história mais pungente, criativa, colorida e crítica, extrapolando as narrativas monocórdias e monótonas que resultavam dos trabalhos metódicos. No entanto, há uma lacuna entre a teoria e a prática, e essas novas perspectivas historiográficas – lançadas a partir de 1930 e absorvidas, inclusive, por alguns intelectuais brasileiros – demoraram para chegar às salas de aula brasileiras.

A partir dos anos 1930, a palavra *novo* tornou-se frequente no vocabulário sociopolítico brasileiro. Foi um período de ruptura com o republicanismo, vigente no país desde o início do século XX. Assim, por exemplo, o Estado que surgiu sob a tutela de Getúlio Vargas foi batizado pelos intelectuais getulistas de *Estado Novo*, em contrapartida à república, tida como velha. Seguindo essa tendência, também penetraram no Brasil os preceitos da Escola Nova.

Inspirado pelas ideias de John Dewey, o movimento escolanovista no Brasil não chegou a se constituir em um movimento totalmente coeso, pois se estruturava apenas ao redor de temas e bandeiras de maior destaque, por exemplo, a demanda da escola pública, universal e gratuita, em que todos deveriam receber o mesmo tipo de educação. Havia também a preocupação de não se isolar a educação da vida comunitária, para que os alunos fossem instruídos de forma mais prática.

Com certo atraso, o Brasil iniciava um lento processo de industrialização. As políticas educacionais implantadas no período eram uma resposta às novas demandas advindas do processo de tecnificação. A população começou a migrar para as cidades e o país, até então majoritariamente rural, vivenciou o fenômeno da urbanização. Nessa toada, abriu-se espaço para que o ensino e a formação das massas fossem colocados em perspectiva.

Ensinar em massa pressupunha padronizar o ensino. Não por acaso, a essa altura, começaram a ser organizados, institucionalmente, setores voltados a tais preocupações. Por exemplo: em 1929, foi criado o Instituto Nacional do Livro, que começou a funcionar efetivamente em 1934, sob a direção de Gustavo Capanema – ligado aos intelectuais escolanovistas, ele ascendeu, nesse mesmo ano, à condição de ministro da Educação do Governo Vargas. O instituto visava à produção de obras literárias para a formação cultural da população, à elaboração de uma enciclopédia e de um dicionário nacionais e à ampliação do número de bibliotecas públicas.

Quatro anos depois, foi a vez de o livro didático ingressar na pauta do governo. O Decreto-Lei n. 1.006, de 30 de dezembro de 1938 (Brasil, 1938), instituiu a Comissão Nacional do Livro Didático para tratar da produção, do controle e da circulação dessas obras. Essa equipe previa que, a partir de 1º de janeiro de 1940, nenhum livro didático poderia ser adotado nas escolas pré-primárias, primárias, normais, profissionais e secundárias do país sem a autorização prévia do Ministério da Educação e da Saúde (Ferreira, 2008).

Se, de um lado, essas instituições e a própria concepção de um ensino público e universal remetem a ideias democráticas e liberais, não devemos nos esquecer das características do governo que se instalou no Brasil entre 1937 e 1945. Lançando mão de um suposto golpe comunista (o Plano Cohen) como desculpa, Getúlio Vargas prendeu muitos de seus opositores, cancelou eleições democráticas previstas anteriormente e utilizou-se de sua polícia para fechar o Congresso Nacional. O Estado Novo passou a ser, então, um regime de exceção de caráter ditatorial.

Assim, os termos *controle* e *autorização* devem ser lidos, nesse contexto, com o peso da palavra *censura*. O Departamento de Imprensa e Propaganda (DIP), em coordenação com o Ministério da Educação e da Saúde, passou a controlar a produção intelectual brasileira e os conteúdos que deveriam chegar às salas de aula. Os intelectuais e o próprio Vargas, que foi membro da Academia Brasileira de Letras, entendiam o poder da educação e passaram a usá-lo a seu favor.

Apresentamos, a seguir, alguns dos critérios adotados pela Comissão Nacional do Livro Didático para a aprovação dos manuais escolares.

Art. 20. Não poderá ser autorizado o uso do livro didático:
 a. *que atente, de qualquer forma, contra a unidade, a independência ou a honra nacional;*
 b. *que contenha, de modo explícito ou implícito, pregação ideológica ou indicação da violência contra o regime político adotado pela Nação;*

c. *que envolva qualquer ofensa ao Chefe da Nação, ou às autoridades constituídas, ao Exército, à Marinha, ou às demais instituições nacionais;*

d. *que despreze ou escureça as tradições nacionais, ou tente deslustrar as figuras dos que se bateram ou se sacrificaram pela pátria;*

e. *que encerre qualquer afirmação ou sugestão, que induza o pessimismo quanto ao poder e ao destino da raça brasileira;*

f. *que inspire o sentimento da superioridade ou inferioridade do homem de uma região do país com relação ao das demais regiões;*

g. *que incite ódio contra as raças e as nações estrangeiras;*

h. *que desperte ou alimente a oposição e a luta entre as classes sociais;*

i. *que procure negar ou destruir o sentimento religioso ou envolva combate a qualquer confissão religiosa;*

j. *que atente contra a família, ou pregue ou insinue contra a indissolubilidade dos vínculos conjugais;*

k. *que inspire o desamor à virtude, induza o sentimento da inutilidade ou desnecessidade do esforço individual, ou combata as legítimas prerrogativas da personalidade humana.* (Brasil, 1938)

Esses critérios atravancavam as propostas inovadoras dos annalistas. Como trabalhar criticamente, por exemplo, períodos monárquicos absolutistas? Como levar assuntos espinhosos à discussão, como a tese de Sérgio Buarque de Holanda de que o colonizador português era mais afeito à aventura do que à monotonia do trabalho árduo e repetitivo? E, indo além, como abordar o fato de o trabalho ter péssima reputação entre a própria monarquia portuguesa, sendo considerado uma atividade inferior, típica dos plebeus e dos escravizados (Freyre, 2000)? Esta última questão, por exemplo, feriria o artigo *d* do decreto citado. Desse modo, o Estado Novo, como regime de exceção, colocou sérios freios à proliferação de uma história-problema dentro da sala de aula.

Não é nosso objetivo aprofundar as discussões acerca do Brasil sob o Estado Novo. Contudo, vale lembrarmos que Getúlio Vargas promoveu algumas transformações importantes – por exemplo, ele implementou, pela primeira vez na história do país, uma abrangente política de direitos sociais e trabalhistas, uma das antigas reivindicações das classes populares. A Consolidação das Leis do Trabalho (CLT) é o ícone desse processo. No entanto, ao mesmo tempo que realizava reformas notáveis, Vargas promovia perseguições políticas, tendo em vista que era um ditador.

Essa problematização que ensaiamos aqui jamais chegou às salas de aula no período. Durante o Estado Novo, os feitos de Vargas eram sistematicamente divulgados por meio de propagandas de massa, que prestavam um verdadeiro "culto à personalidade" do então dirigente do país.

Assim, podemos afirmar que, guardadas algumas especificidades, as aulas de História eram momentos de repetição da velha cantilena das façanhas de heróis nacionais, que contribuíram para a fundação e a unificação do Brasil como um Estado-nação.

Em uma política clara, consentida, estratégica e de culto à personalidade, os feitos do Presidente Vargas eram inventados, criados e, depois, cantados em verso e em prosa nas salas de aula brasileiras. Observe a fonte histórica disponível na Figura 2.1, extraída de uma cartilha produzida no contexto do Estado Novo.

Figura 2.1 – Propaganda política na Era Vargas

> Crianças!
> Aprendendo no lar e nas escolas o culto da Pátria, trareis para a vida prática todas as probabilidades de êxito. Só o amor constrói e, amando o Brasil, forçosamente o conduzireis aos mais altos destinos entre as Nações realizando os desejos de engrandecimento aninhados em cada coração brasileiro.

Página de uma das cartilhas distribuídas para as crianças nas escolas.

DEPARTAMENTO DE IMPRENSA E PROPAGANDA. **Getúlio Vargas o amigo das crianças.** Rio de Janeiro, 1940.

"Pai dos pobres, amigo das crianças". Daremos a você, leitor, nossos cumprimentos se adivinhar qual foi, na opinião do avô de um dos autores desta obra (lembram-se dele?), o melhor presidente da história do Brasil. Ele mesmo: Getúlio Dornelles Vargas. Também lhe propiciamos, por meio desse exemplo, uma oportunidade para pensar no poder das políticas de ensino e dos discursos transmitidos no contexto da sala de aula.

Em 1945, ano do término da Segunda Guerra Mundial, a ditadura varguista, que, contraditoriamente, se alinhou às democracias liberais para derrotar os nazistas, passou a dar sinais de fracasso e chegou ao fim.

O Brasil pôde, então, respirar ares de democracia, ainda que conturbada. Nesse âmbito, foi promulgada uma nova Constituição. As leis sobre as bases da educação brasileira passaram a ser prerrogativas da União dos estados brasileiros. Surgiu, assim, o anteprojeto da Lei de Diretrizes e Bases da Educação (LDB), cuja aprovação demorou para acontecer em função de um acirrado debate entre intelectuais escolanovistas e representantes da perspectiva católica de educação.

No intervalo cronológico que separou o fim do Estado Novo do início da ditadura militar de 1964, sucederam-se práticas populistas na gestão do país. Esse respiro democrático propiciou, ainda que com alguns limites, possibilidades de iniciativas de educação bastante progressistas. Foi nessa época que Paulo Freire conseguiu realizar suas primeiras experiências educacionais, no município de Angicos, Rio Grande do Norte, a cerca de 170 quilômetros da capital, Natal. Em uma severa crítica ao método das antigas cartilhas, inócuas quanto às reflexões sociais e completamente distantes da realidade dos mais pobres, Freire implantou um programa de alfabetização para os trabalhadores rurais; estavam lançadas as sementes da *pedagogia do oprimido*. Do ponto de vista cultural, foi o período do nascimento e da consolidação da bossa nova e do Cinema Novo. Esse movimento tocava em feridas abertas acerca do Brasil, contrariando as versões oficiais e correntes do passado de glórias da pátria mãe gentil. Nas telas do Cinema Novo, a realidade brasileira era demonstrada de forma mais crua e, apesar de um realismo fantástico, muito mais verossímil que as versões tradicionais da história.

O Cinema Novo descreveu, poetizou, discursou, exercitou os temas da fome: personagens comendo terra, personagens comendo raízes, personagens roubando para comer, personagens matando para comer, personagens feios, sujos, descarnados, morando em casas sujas, feias, escuras.
(Rocha, 1965, p. 67)

De fato, um novo ambiente instaurava-se no país, o que favorecia a reflexão histórica e social sobre os problemas do Brasil. Isso era verdade não apenas para o mundo da música, do cinema e da educação, mas também para o da historiografia.

Vale salientarmos que esse foi um período-chave para a historiografia brasileira. Após uma passagem pelo Brasil entre os anos 1935 e 1937, Fernand Braudel[3] retornou ao país em 1947, quando visitou, para um intercâmbio acadêmico, a Faculdade de Filosofia, Ciências e Letras da Universidade de São Paulo (USP).

Braudel era herdeiro intelectual direto da *Annales: Économies, Sociétés, Civilisations*, célebre revista organizada e dirigida por Febvre e Bloch. Ele era um dos principais representantes, senão o principal, da segunda geração dos Annales. Esteve em uma universidade brasileira difundindo os ideais e as crenças dessa historiografia inovadora, que buscava romper as amarras metódicas da historiografia tradicional.

Além disso, Braudel foi professor na USP, onde desenvolveu um projeto intelectual, didático e investigativo, posto em execução por alguns alunos brasileiros, notadamente, a partir dos anos 1940. Entre outras iniciativas, figuram a realização de estudos, pesquisas e cursos; a organização da Sociedade de Estudos Históricos, em 1942; e a criação da *Revista de História*, em 1950 (Martinez, 2002). Esta última, ainda hoje publicada, é um dos mais respeitados periódicos da historiografia brasileira.

A institucionalização da historiografia brasileira não se limitava a institutos históricos e geográficos nem a narrativas de grandes personagens. Os cursos universitários de História, recém-organizados,

---

3 *Professor de História na Argélia (1923-1932); diretor de estudos na École Pratique des Hautes Études, em Paris, França, e presidente de sua IV Seção (1956-1962); diretor da Revista* Annales: Économies, Sociétés, Civilisations *(1947-1968).*

e, principalmente, os primeiros programas de pós-graduação eram campos propícios para uma pesquisa historiográfica que resultasse em uma visão mais arejada da história brasileira. Além disso, velhas teses foram reavaliadas. Releituras de abordagens mais interpretativas e problematizadoras da história nacional, coerentes com as abordagens e os métodos inovadores dos Annales e de sua Nova História, marcaram essa época.

Em suma, o relacionamento intelectual de Fernand Braudel com historiadores brasileiros, iniciado na década de 1930, surtiu efeitos marcantes na produção do conhecimento histórico, resultando em traços singulares da reflexão histórica do Brasil em meados do século XX (Martinez, 2002).

No tocante à chegada dessas investigações às salas de aula brasileiras na década de 1960, Nadai (1984) observa que se iniciava um favorecimento à experimentação no ensino e à abertura para a interdisciplinaridade. A preocupação de se ensinar história focando também em seu método integrava um promissor alargamento dos processos de pesquisa e de ensino da disciplina no Brasil.

Em 1964, o Cinema Novo, as iniciativas de Paulo Freire e a livre reflexão no ambiente institucional acadêmico sofreram um baque. O Brasil enfrentou momentos de repressão e uma forte suspeição recaiu sobre os intelectuais e também sobre as disciplinas de ciências humanas, que eram vistas pelos militares como solos favoráveis à difusão de ideias comunistas e à subversão comunista.

Tínhamos, no início dos anos 1960, um debate efervescente alimentado por grandes pensadores. Uma conjuntura que nunca mais tivemos, tamanha foi a eficácia dos ditadores. Minha primeira atuação política era dar uma boa aula e eu não conseguia. Não se aprendia na faculdade e todas as referências tinham sido liquidadas. Os responsáveis pelo golpe eram bons estrategistas. Eles tiraram de cena as maiores cabeças e iam controlando de cima para baixo. Quando se chegou às salas de aula das escolas comuns, não foi preciso fazer muito. Nós já estávamos sem rumo. (Rodrigues, 2014)

Nesse sentido, a História como disciplina autônoma desapareceu do currículo escolar do ensino fundamental. Criou-se a disciplina de Estudos Sociais e, com ela, a pretensão de se usar a história como instrumento de formação do espírito cívico. A partir de 1969, também se fizeram presentes as disciplinas de Orientação Moral e Cívica e de Organização Social e Política Brasileira.

Novamente a história ficou relegada ao posto de narrativa linear acerca de nomes e de datas considerados importantes pelos militares brasileiros. Exercícios de memorização dos hinos Nacional, Estadual e da Bandeira consumiam o tempo dos alunos.

A formação dos professores de História, em nível superior, também sofreu forte inflexão, degradando-se consideravelmente. Mais do que a preocupação com a reflexão e com a formação integral do cidadão e do ser humano, as diretrizes educacionais da ditadura militar privilegiavam a técnica. Em entrevista cedida a Cinthia Rodrigues (2014), a historiadora Aparecida Neri de Souza, ao criticar essas abordagens educacionais, resume o problema de forma pertinente:

a escola foi um dos principais motores do projeto desenvolvimentista do regime. Para aumentar a produção industrial, a infraestrutura e o consumo, era necessário ter mais "mão de obra qualificada". Logo, foram construídas escolas da forma mais barata, cresceu o número de matriculados por sala e de horas de trabalho dos professores e incentivou-se a criação de instituições particulares. Ao mesmo tempo, houve uma reforma curricular que visava à formatação ideológica. Saíram as aulas de Filosofia e entraram as de Educação Moral e Cívica (EMC), ministradas a crianças, adolescentes e adultos em todos os níveis de ensino. Física e Química foram simplificadas em "Ciências" e História e Geografia, em "Ciências Sociais". (Rodrigues, 2014)

Conforme a Lei n. 5.692, de 11 de agosto de 1971 (Brasil, 1971), a disciplina de Estudos Sociais deveria abranger como conteúdos específicos geografia, história e organização social e política do Brasil, o que reverberou nos cursos superiores.

De acordo com Fonseca (1997), entre as várias mudanças sociais pós-1964, as reformas do ensino foram as que afetaram mais diretamente a prática de ensino de História, motivando lutas por parte dos professores. Apesar de intensos e sofridos, esses embates colaboraram para o fortalecimento do principal órgão de classe dos professores historiadores em nosso país atualmente: a Associação Nacional de História (Anpuh).

A batalha liderada pela historiadora Déa Fenelon, no início dos anos 1970, foi uma das mais marcantes nesse contexto. Lutava-se contra a disciplina de Estudos Sociais e, principalmente, contra sua institucionalização acadêmica. Como a habilitação de licenciatura nessa disciplina era adquirida em um curto período, os professores formavam-se rápida e superficialmente e, de imediato, eram lançados ao mercado. Desse modo, ganhavam verniz sobre a Filosofia, a Sociologia, a Geografia e a História. A superficialidade dessa formação beneficiava tanto o governo militar, que podia censurar de forma mais eficiente os conteúdos tidos como subversivos, quanto os proprietários de instituições de ensino; afinal, se tomarmos como verdade a regra básica de que quanto maior a oferta, menor o preço, podemos considerar que os donos de estabelecimentos escolares eram privilegiados, uma vez que, em curto espaço de tempo, havia um "exército" de professores formados para preencher os postos imediatamente. Logo, essa grande oferta de mão de obra – que, por ser abundante, era também barata – desvalorizou o ofício docente de forma tão profunda que, ainda hoje, pagamos o preço. Como se não bastasse, cogitava-se a abolição da disciplina de História nas universidades em favor da de Estudos Sociais.

Além da desvalorização do profissional docente, existem, segundo o historiador Carlos Fico, citado por Rodrigues (2014), outros resquícios daquela época que interferem no ensino contemporâneo. O barateamento dos edifícios escolares públicos, já comentado por Aparecida Neri de Souza, é uma dessas heranças (Rodrigues, 2014).

Um dos norteadores dessa nova política de edificações foi o acordo selado entre os militares brasileiros e o governo norte-americano: uma parceria entre o Ministério da Educação (MEC) e a Agência dos Estados Unidos para o Desenvolvimento Internacional (Usaid), chamada *MEC/Usaid*.

Os grandes edifícios escolares ao estilo neoclássico, com fachadas imponentes, amplo espaço interno, campos de futebol etc., enfim, com desenhos mais próximos às universidades, foram, aos poucos, substituídos por estruturas mais simples, econômicas e pré-moldadas, ou seja, menos convidativas. Quadras de concreto armado tomaram o lugar da grama natural dos campos de futebol, e o ambiente escolar perdeu um pouco de sua poesia, cedendo espaço a estruturas anódinas, alinhadas à ideologia de uma formação técnica, individualizada e pouco reflexiva.

As escolas públicas adquiriram, não por acaso, feições prisionais. Esse quadro refletia o fato de o Estado ter cortado drasticamente os investimentos no ensino público[4] ou, até mesmo, se desonerado desse encargo.

MEC/USAID

Nome de um acordo que incluiu uma série de convênios realizados a partir de 1964, durante o regime militar brasileiro, entre o Ministério da Educação (MEC) e a United States Agency for International Development (USAID). Os convênios, conhecidos como acordos MEC/USAID, tinham o objetivo de implantar o modelo norte-americano nas universidades brasileiras através de uma profunda reforma universitária. Segundo estudiosos, pelo acordo MEC/USAID, o ensino superior exerceria um papel estratégico porque caberia a ele forjar o novo quadro técnico que desse conta do novo projeto econômico brasileiro, alinhado com a política norte-americana. Além disso, visava a [sic] contratação de assessores americanos para auxiliar nas reformas da educação pública, em todos os níveis de ensino.

A discordância com os acordos MEC/USAID se tornaria na época a principal reivindicação do movimento estudantil, cujas organizações foram em seguida colocadas na clandestinidade. Alguns setores acreditavam que o convênio com os Estados Unidos levaria à privatização do ensino no Brasil. Diante da violenta oposição levantada nos meios intelectuais e estudantis contra os acordos MEC/USAID, o governo criou, em 1968, um Grupo de Trabalho encarregado de estudar a reforma e propor um outro modelo.

Fonte: Menezes; Santos, 2001.

Se essa herança de barateamento e sucateamento é considerada uma derrota para a educação, precisamos também mencionar uma

---

4 Com o golpe militar de 1964, o corte de investimento no ensino público foi drástico. Em 1965, o investimento equivalia a 10,6% da receita. Em 1975, somente 4,3% dos recursos do Estado eram voltados à educação (Fonseca, 2003).

conquista: as lutas relativas à polêmica acerca da disciplina de Estudos Sociais foram vencidas pelos historiadores. De um lado, a História sobreviveu como disciplina e, de outro, uma década depois, sua pretensa substituta acabou decaindo tanto no âmbito acadêmico quanto no escolar. Além disso, a Anpuh expandiu-se, incorporando também os docentes do ensino básico.

Entre idas e vindas, a Nova História continuou, salvo raríssimas exceções, restrita aos debates universitários. A história criativa, democrática, atenta às diversidades e profundamente articulada à realidade dos alunos e à sua condição humana não encontrou espaço nos currículos e nas salas de aula da década de 1970. Fonseca (1997, p. 34) explicita esse problema:

> Ao iniciar minha carreira no magistério do 1º grau no final da década de 70, momento de intensa mobilização dos professores da rede pública de Minas Gerais, no movimento grevista de 1979, muito me impressionou o que parecia uma lacuna existente entre a História que se discutia e se produzia na Academia e aquela destinada ao ensino nas escolas de 1º e 2º graus. Questionava, então, por que determinados temas eram privilégio de várias leituras e interpretações no espaço acadêmico e nem sequer mencionados nos currículos e livros didáticos de 1º e 2º graus. Ou, quando mencionados, apenas uma versão se impunha como verdade absoluta sobre um tema. Por outro lado, deparei-me com uma realidade na qual pais, alunos e muitos professores encaravam História como unicamente o estudo do passado, dos grandes homens e heróis cristalizados no social. Ou seja, o conteúdo da disciplina História aparecia como algo totalmente externo à vida deles, que não lhes dizia respeito, logo, para muitos, História não servia para nada e não devia existir no currículo. Encontrei, portanto,

uma situação caracterizada de um lado pela existência de uma História única e já pronta para ser transmitida; e de outro um grupo cuja noção de História introjetada favorecia a legitimação da memória dos dominantes e dificultava a efetivação de experiências que rompiam com o modo tradicional de ensino de História.

No início deste capítulo, comentamos que ouvimos muitas negativas de alunos com relação ao gosto pela História, a maioria relacionada ao entendimento equivocado dessa disciplina como um inventário de datas e nomes a serem memorizados.

Governos autoritários e perspectivas tecnocráticas atravancaram a compreensão da ideia de que tudo e todos são história, ou seja, todas as pessoas produzem-na e protagonizam-na, devendo, desse modo, estudá-la, independentemente de gênero, ideologia ou classe social.

Em suma: o ponto de partida da renovação historiográfica se deu no ano de 1930, por meio da escola dos Annales. A difusão de programas de pós-graduação permitiu o avanço (nos moldes annalistas) da ciência e da pesquisa históricas nas universidades brasileiras a partir da década de 1960. No Brasil, a substituição definitiva das disciplinas de Estudos Sociais e de Orientação Moral e Cívica pelo ensino de História e de Geografia ocorreu em 1995. Portanto, em uma estimativa bruta, foram necessários aproximadamente 60 anos para que a ciência histórica (produzida academicamente, sobretudo, a Nova História) se consolidasse. Considerando-se que, em algumas realidades brasileiras, ainda persistem métodos e conteúdos de ensino tradicional, podemos elevar esse número a 85 anos. Portanto, ensinar uma história viva e ativa é um expediente novíssimo para os professores historiadores do século XXI.

2.2.2 Qual o estado da arte do ensino de História no século XXI?

Atualmente, ocorrem inegáveis avanços no campo institucional, os quais não se resumem à abolição das disciplinas de formação moral e cívica, lançadas no Brasil no período ditatorial.

Um passo importante nessa direção foi a tão aguardada promulgação da nova Lei de Diretrizes e Bases da Educação Nacional (LDBEN), em 1996. Pensada no contexto da democratização do país e da Constituição de 1988, essa lei propunha, de maneira geral, atualizar os sistemas de ensino conforme as novas demandas brasileiras. Em um horizonte democrático, a nova LDBEN foi forjada em um contexto que revelava as contradições e os interesses de diversas parcelas da sociedade civil.

A lei não agradou a todos, mas trouxe melhoras incontestáveis, como o reconhecimento institucional do direito universal à educação; a chancela da educação básica, que engloba a educação infantil, a educação fundamental e o ensino médio, propiciando a organização de um sistema de educação nacional abrangente e universalizado; e o aumento do número mínimo de dias letivos, implicando maior tempo de permanência na escola, o que permite a melhoria do atendimento pedagógico.

Outro elemento importante desse processo foi a edição dos Parâmetros Curriculares Nacionais (PCN). Obrigatórios às escolas públicas e opcionais às privadas, foram editados para ajudar os professores na construção de novos currículos e metodologias de ensino, como referenciais de qualidade para nortear a educação.

Divididos por áreas, os PCN defendem veementemente a presença da disciplina de História nos currículos escolares, pois ela pode contribuir para a "formação social e intelectual de indivíduos para que, de modo consciente e reflexivo, desenvolvam a compreensão de si mesmos, dos outros, da sua inserção em uma sociedade histórica e da responsabilidade de todos atuarem na construção de sociedades mais igualitárias e democráticas" (Brasil, 1998).

A educação em história também deve estar comprometida com questões relacionadas a: defesa da dignidade humana; respeito aos direitos humanos; repúdio à discriminação; equidade, pois existem diferenças étnicas, culturais, regionais, de gênero, etárias, religiosas etc., as quais devem ser consideradas para o alcance de uma sociedade mais igualitária; cidadania ativa, isto é, complementariedade entre a representação política tradicional e a participação popular no espaço público; corresponsabilidade pela vida social, atrelando os destinos da vida coletiva à coparticipação dos poderes públicos e dos diferentes grupos sociais; entre outras demandas (Brasil, 1998).

Essa preocupação transversal, que abarca todas as áreas, permite que novas perspectivas historiográficas sejam levadas para dentro da sala de aula. Os PCN propõem, por exemplo, a abordagem dos seguintes eixos temáticos: "História das relações sociais, da cultura e do trabalho"; "As relações sociais, a natureza e a terra"; "As relações de trabalho"; "História das representações e das relações de poder"; "Nações, povos, lutas, guerras e revoluções"; entre outros (Brasil, 1998). Dessa maneira, abre-se espaço para que novos protagonistas adentrem nas aulas de História: crianças; mulheres; trabalhadores anônimos; escravos; imigrantes; grupos vencedores ou vencidos; colonizadores ou colonizados etc. Assim, tal disciplina ganha vida, cor e, principalmente, conexão com a realidade daqueles que a estudam.

Recentemente, passou a fazer parte do currículo obrigatório o estudo das temáticas afro-brasileira e indígena, atendo-se a reivindicações de movimentos sociais por seu direito à história. Em 2016, a grade curricular brasileira entrou em processo de debate, com vistas a algumas transformações. O novo documento regulador foi denominado *Base Nacional Comum Curricular* (BNCC), cujo processo de aprovação ainda está em curso.

Nessa direção, consta na BNCC que

> Tal ênfase [...] não significa exclusividade na abordagem da história brasileira nem tampouco a exclusão dos nexos e articulações com as histórias africanas, americanas, asiáticas e europeias. [...] O Ensino Médio aprofunda essa perspectiva, fomentando o desenvolvimento de habilidades para a conceituação, para a análise e para a síntese de processos históricos, inter-relacionando a História do Brasil com outros espaços: as Áfricas, as Américas e os mundos europeus e asiáticos. (Brasil, 2017)

Por fim, introduzimos os conceitos historiográficos de tempo: cronológico, da duração e ritmos de tempo. Eles são importantes porque abrem precedentes para que se discutam, em sala de aula, as metodologias da história. Desmistifica-se, assim, a noção da história como uma ciência da verdade, de conceitos prontos e estabelecidos. Essa ideia dá lugar a um entendimento mais saudável e coerente com a realidade: a história não é a verdade, mas está sempre em busca dela, numa marcha em constante progresso, como tencionava o annalista Bloch.

Síntese

Neste capítulo, demonstramos como as concepções metódicas e annalistas se integraram ao ensino de história no Brasil. Destacamos que, na maior parte do tempo, imperaram os valores metódicos, pouco críticos, elitizantes e ressonantes com os modelos de governo autoritários vigentes durante boa parte do século XX. Apresentamos também as perspectivas atuais para o ensino de história e o potencial renovador dessas concepções para uma educação voltada aos valores democráticos.

Indicações culturais

Livros

A obra indicada a seguir trata do resgate das memórias do português Antônio Vieira dos Santos, que deixou manuscritos muito raros com reminiscências pessoais, contadas dia a dia. É um testemunho único sobre viver, sobreviver e morrer no Brasil antigo.

CAVAZZANI, A. L. M.; GOMES, S. A. R. **Antônio Vieira dos Santos:** reminiscências e outros escritos. Curitiba: Ed. da UFPR, 2014.

Para saber mais acerca do professor, filósofo e pedagogo norte-americano John Dewey, sugerimos a leitura do seguinte texto:

CUNHA, M. V. da. John Dewey e o pensamento educacional brasileiro: a centralidade da noção de movimento. **Revista Brasileira de Educação**, n. 17, p. 86-154, maio/ago. 2001. Disponível em: <http://www.scielo.br/pdf/rbedu/n17/n17a06.pdf>. Acesso em: 18 jul. 2017.

Carlo Ginzburg é um historiador italiano contemporâneo conhecido por seus trabalhos fundamentados na metodologia denominada *micro-história*. A seguir, mencionamos algumas de suas principais obras, com tradução para o português:

GINZBURG, C. **Mitos, emblemas e sinais**. São Paulo: Companhia das Letras, 1989.

GINZBURG, C. **O queijo e os vermes**: o cotidiano e as ideias de um moleiro perseguido pela inquisição. São Paulo: Companhia das Letras, 1987.

Se você se interessou pela história de Varnhagen, considerado o "pai da história brasileira", vale a pena ler o seguinte texto:

KHALED JUNIOR, S. H. **A construção da narrativa nacional brasileira**: a escrita da nação em Barbosa, Martius e Varnhagen. 244 f. Dissertação (Mestrado em História) – Universidade Federal do Rio Grande do Sul, Porto Alegre, 2007. Disponível em: <http://www.lume.ufrgs.br/bitstream/handle/10183/11153/000604491.pdf?sequence=1>. Acesso em: 18 jul. 2017.

Sobre a trajetória de Fernand Braudel na USP, indicamos a leitura do seguinte artigo:

MARTINEZ, P. H. Fernand Braudel e a primeira geração de historiadores universitários da USP (1935-1956): notas para estudo. **Revista de História**, n. 146, p. 11-27, 2002. Disponível em: <http://www.revistas.usp.br/revhistoria/article/viewFile/18929/20992>. Acesso em: 18 jul. 2017.

Sites

Para ampliar seus conhecimentos sobre a Anpuh – o mais importante órgão de classe dos professores historiadores no Brasil atualmente –, indicamos o *link* a seguir:

ANPUH – Associação Nacional de História. Disponível em: <http://site.anpuh.org/>. Acesso em: 18 jul. 2017.

O periódico *Annales d'Histoire Économique et Sociale* existe há mais de três gerações. No *link* a seguir, há mais informações sobre a trajetória dessa conceituada revista acadêmica:

GALLICA. **Annales d'Histoire Économique et Sociale**: Revue Trimestriel. Disponível em: <http://gallica.bnf.fr/ark:/12148/cb34414997g/date.item>. Acesso em: 18 jul. 2017.

Atividades de autoavaliação

1. De acordo com Mendes (1935, citado por Nadai, 1984, p. 1),

   > Nossos adolescentes também detestam a história. Votam-lhe ódio entranhado e dela se vingam sempre que podem, ou decorando o mínimo de conhecimento que o "ponto" exige ou se valendo lestamente da "cola". Demos ampla absolvição à juventude. A história como lhes é ensinada é, realmente, odiosa...".

   Com base no que acabou de ler e no que estudou neste capítulo, assinale a alternativa correta:

   a) Esse trecho representa o estado de ânimo dos alunos com relação ao currículo de História no século XXI, o qual contempla apenas nomes e datas em suas ementas.

   b) Esse trecho representa a realidade do ensino de História durante o período colonial, a qual sofreu modificações a partir do período varguista.

   c) A triste realidade retratada pelo excerto tardou a se transformar no Brasil. As mudanças a esse respeito iniciaram-se apenas na década de 1980.

   d) O contexto da ditadura civil-militar brasileira permitiu o ensino de uma história menos "odiosa", conforme os termos do excerto.

2. Leia o trecho a seguir com atenção:

   > Os programas de ensino de História continham elementos fundamentais para a formação que se pretendia dar ao educando, no sentido de levá-lo a compreender a continuidade histórica do povo brasileiro, compreensão esta que seria a base do patriotismo. Nessa perspectiva, o ensino de História seria um instrumento poderoso na construção do Estado Nacional, pois traria à luz o passado de todos os brasileiros, e teria "(...) o alto intuito de fortalecer cada vez mais o espírito de brasilidade, isto é, a formação da

> alma e do caráter nacional[5]". O programa de 1931 deixa evidente que isso estava bem claro para os legisladores, pois reconheciam que "conquanto pertença a todas as disciplinas do curso a formação da consciência social do aluno, é nos estudos de História que mais eficazmente se realiza a educação política, baseada na clara compreensão das necessidades de ordem coletiva e no conhecimento das origens, dos caracteres e da estrutura das atuais instituições políticas e administrativas[6]".

Fonte: Abud, 1998.

Abud relata a conjuntura e o horizonte de crenças com relação ao ensino de história durante o período varguista. Com base nessa citação, assinale a alternativa correta:

a) Durante a Era Vargas, sobretudo no Estado Novo, incorporaram-se ao ensino as contribuições annalistas com relação à história.

b) Getúlio Vargas introduziu nos currículos uma história mais ampla, ou seja, menos voltada à apologia de personagens tidos como grandes homens da história.

c) Na Era Vargas, os valores nacionais, o patriotismo e o civismo estavam na base do currículo de História. Não havia, nesse sentido, espaço para a incorporação de novos temas, sujeitos e objetos da história.

d) Os programas educacionais do período varguista revolucionaram o ensino de história no Brasil, tornando-se referência para a Europa e a América do Norte.

---

5   Abud (1998) cita o PLANO NACIONAL DE EDUCAÇÃO. **Revista do Instituto Histórico e Geográfico Brasileiro**. Rio de Janeiro: Imprensa Oficial, 1936. p. 13.
6   Abud (1998) cita HOLLANDA, G. de. **Um quarto de século de programas e compêndios de História para o ensino secundário brasileiro: 1931-1956**. Rio de Janeiro: Inep/Ministério da Educação, 1957. p. 18.

3. O trecho a seguir menciona um conceito muito presente nas diretrizes curriculares para o ensino de história:

> Talvez essa seja uma das contribuições mais importantes do pensar historicamente para a construção da cidadania: a capacidade de entender e posicionar-se diante de visões de mundo, de explicações gerais ou fragmentárias sobre a sociedade, que utilizam conhecimentos sobre o tempo.

Fonte: Cerri, 2011, p. 65.

Com base no conceito de cidadania, assinale a alternativa correta:

a) No Brasil, esse conceito foi instituído em tempos pretéritos, a partir da disciplina de Educação Moral e Cívica.

b) O termo *cidadania* prevê como naturais a hierarquização social e o tratamento distintivo entre pessoas pertencentes a diferentes estratos sociais.

c) De acordo com as propostas curriculares atuais, o estudo da história deve contribuir para a promoção da cidadania e do respeito à diversidade.

d) O conceito de cidadania não pode ser visto como histórico, na medida em que não foi construído no tempo e no espaço.

4. Paulo Freire (2014, p. 80-81) expõe uma crítica a certo modelo de educação:

> Em lugar de comunicar-se, o educador faz "comunicados" e depósitos que os educandos, meras incidências, recebem pacientemente, memorizam e repetem. Eis aí a concepção "bancária" da educação, em que a única margem de ação que se oferece aos educandos é de receberem os depósitos, guardá-los e arquivá-los.

Com base no trecho apresentado e na leitura deste capítulo, marque V para as afirmativas verdadeiras e F para as falsas:

( ) A educação bancária é o princípio universal que dá unidade e vigência aos PCN.

( ) Posturas metódicas como a memorização de datas e de nomes podem ser consideradas perspectivas bancárias de educação.

( ) A concepção bancária de educação funciona muito bem no que se refere ao atual ensino de história, cujo objetivo principal é a memorização.

( ) A problematização em detrimento da memorização é um princípio vigente no atual ensino de história. Nesse sentido, os historiadores são incentivados a ir além da perspectiva bancária de educação.

Assinale a alternativa que corresponde à sequência correta:

a) V, F, V, V.
b) V, F, F, F.
c) F, V, F, V.
d) F, F, F, F.

5. Durante o regime militar, o acordo binacional MEC/Usaid interferiu nos modelos de educação brasileiros. Sobre esse acordo, é correto afirmar:

a) Consolidou-se no contexto da bipolarização mundial entre franceses e portugueses, com vistas a garantir que o Brasil continuaria aliado de Portugal.

b) Ocorreu no contexto da Guerra Fria, com o objetivo de garantir a aproximação entre Brasil e URSS.

c) Caracterizou-se pela aliança entre os Estados Unidos e o Brasil para que aqueles se mantivessem distantes das influências soviéticas. Em virtude dessa aliança, a educação brasileira adquiriu um viés tecnicista.

d) Permitiu ao Brasil receber insumos para serem aplicados à sua estrutura educacional. Nesse contexto, prédios antigos que abrigavam as escolas foram restaurados, o que justifica a arquitetura neoclássica dos edifícios escolares brasileiros.

Atividades de aprendizagem

Questão para reflexão

1. A perspectiva problematizadora do ensino é, sem dúvida, mais eficiente para a formação de um cidadão. Com base nela, os alunos são levados a questionar sua realidade, aprendendo a identificar seus problemas e, assim, trabalhar para solucioná-los. Além disso, os estudantes têm a oportunidade de conhecer as formas de atuação política e institucional, bem como as possibilidades de organização coletiva em busca do bem comum. Porém, para as autoridades no poder, isso nem sempre é interessante. É mais fácil representar um grupo apático que um cioso de seus direitos. Essa simples equação pode explicar o grande descaso das autoridades com a educação, o qual, de certo modo, é estratégico. Em que medida você considera que o professor historiador pode ser um dos agentes transformadores dessa situação?

Atividade aplicada: prática

1. Muitas vezes, o professor deseja introduzir projetos em seu trabalho. Contudo, é comum surgirem dúvidas com relação a esse procedimento. O texto a seguir, produzido por um dos selecionadores do Projeto Educador Nota 10, é um bom instrumento para se montar, na prática, um projeto interessante.

> ### História na escola: o presente questiona o passado
>
> Refletir sobre o ensino de História implica em [sic] discernir as finalidades dos conteúdos ensinados, ou seja, quais suas funções educativas (políticas, sociais, econômicas, morais, psicológicas...), em diferentes realidades sociais e educacionais. Isso significa ponderar o fato de que as finalidades do que se ensina estão além do currículo formal, já que é fundamental considerar as dimensões reais da sociedade, da escola e do contexto social dos alunos. O que as aulas de história efetivamente ensinam e por que da escolha do que é ensinado?
>
> Nesse caso, o que é ensinando sob a responsabilidade dos professores de História? Quais as finalidades dos conteúdos estudados? Há relação direta entre currículos formais e os conteúdos de sala de aula? Há preocupações dos docentes em relacionarem os estudos históricos com os cotidianos dos alunos e suas realidades locais? Os docentes relacionam questões históricas contemporâneas com o estudo do passado? O presente é problematizado e melhor questionado em dimensões de temporalidades históricas? Quais as identidades sociais disseminadas por meio dos estudos históricos?

Antonia Terra de Calazans Fernandes.
Professora Doutora do Departamento de História – FFLCH – USP.
Laboratório de Ensino e Material Didático – LEMAD – Departamento de História – FFLCH – USP: <https://lemad.fflch.usp.br/pesquisas>.

História ensinada

Uma avaliação geral dos currículos, dos livros didáticos e dos conteúdos históricos ensinados aponta para algumas tendências. Uma delas indica que, no ensino fundamental I, a carga horária de História geralmente é reduzida, porque há a crença de que alfabetizar, uma das principais funções da escola no início da escolaridade, pode prescindir de conteúdos de História, Geografia e Ciências. Essa crença permanece como um grande engano e, há décadas, os temas de História continuam voltados unicamente para reforçar identidades das crianças com instituições como a escola, a família, o município e o estado brasileiro. No caso do fundamental II e médio, tem sido realizado o trabalho com conteúdos, predominantemente, da História europeia e da História nacional brasileira, contidos nos manuais e nas questões das avaliações institucionais. No ensino médio, por exemplo, em vez dos conteúdos estarem envolvidos com a formação histórica dos adolescentes, em uma fase específica de sua relação com a sociedade, o que é ensinado fica orientado em função do futuro, da continuidade da escolaridade, pautado principalmente pelos programas dos vestibulares e o mercado de trabalho adulto.

Em algumas realidades educacionais, os professores sensíveis às questões contemporâneas, que afetam a formação dos jovens de hoje, esforçam-se por trabalhar temas relevantes para o contexto social atual, dando ênfase aos estudos do presente, como os relacionados à formação de cidadãos, como direitos e deveres, combate ao preconceito e à discriminação; e/ou desaprovação de atitudes de violência e de autoritarismo. Outros docentes, diante do pouco interesse dos estudantes pelos conteúdos formais da disciplina, esforçam-se em fazer mudanças metodológicas, investindo em jogos lúdicos, o uso da internet e atividades competitivas associadas à premiação de pontos e notas. Mas, da perspectiva das possibilidades de contribuição dos estudos históricos nas suas especificidades, esses recortes podem ser ampliados e aprofundados.

Finalidades dos conteúdos ensinados

Na perspectiva das finalidades educativas dos estudos históricos escolares é importante recordar as contribuições historiográficas. Marc Bloch chamou a atenção para a importância de transformar o presente vivido em reflexão histórica. Walter Benjamin alertou para o perigo de não se reconhecer no passado as vivências sociais contemporâneas, ou seja, é importante compreender o presente para compreender o passado. Jean Chesneaux salientou como a História Universal tem sido sinônimo da "civilização europeia", e como as periodizações clássicas para a História Universal adotadas em muitos países, inclusive no Brasil, têm sido referentes à História Francesa. François Furet analisou como a partir do século XIX a História, como saber e como disciplina escolar, passou a ser a genealogia da nação. E Eric Hobsbawm, analisando as tradições históricas construídas no século XIX, expôs o papel das instituições de consolidar a crença no Estado, sendo a escola um dos locais de difusão desses valores. Michel Foucault estudou como a organização do espaço e as materialidades sociais estão associadas ao poder de classificar, controlar, vigiar, hierarquizar, separar, fazer competir e recompensar.

As reflexões historiográficas poderiam desencadear alguns reflexos nos contextos escolares. Mas, muito frequentemente, permanece no cotidiano das escolas a tendência de ensinar separadamente questões do presente (focando só em questões atuais); ou centrar apenas na história do passado; e/ou privilegiar a História da Europa e as esferas nacionais da História do Brasil; ou ainda submeter a história brasileira como apêndice da história global. Nesses casos, as finalidades dos estudos históricos escolares tendem a dissociar o passado do mundo contemporâneo; a consolidar identidades dos alunos com a cultura europeia; a esvaziar a história brasileira de atuações significativas de uma diversidade de sujeitos históricos e de histórias locais; e a pouco contribuir para o aluno questionar o poder estabelecido sobre ele, através dos espaços delimitados, dos objetos desejados e consumidos e das materialidades impostas.

Em tendências inversas a essas, há propostas e práticas escolares que organizam os conteúdos históricos a serem ensinados de modo a colaborar para o estudante analisar e se posicionar diante de sua realidade (no tempo presente), estabelecendo relações entre o presente e o passado, entre a História local e a história nacional, entre a História do Brasil e a História do mundo. Algumas práticas mais específicas possibilitam ainda ao aluno refletir sobre seus valores e suas práticas cotidianas e relacioná-los com problemáticas históricas inerentes ao seu grupo de convívio, à sua localidade, à sua região e à sociedade nacional e mundial. A História do presente e a História local são entendidas como interligadas aos contextos estruturais e conjunturais, que abrangem outras temporalidades.

O possível e o necessário

Organizar currículos de ensino de História a partir de problematizações do presente e suas relações históricas com o passado possibilita trabalhos escolares de grande relevância para professores e alunos. Todavia, é importante ser realista. O docente que escolhe organizar os conteúdos históricos a partir dessa perspectiva, considerando vivências cotidianas de seus alunos e a localidade onde vivem, esbarra em uma série de problemas. A referência a uma História do bairro, ou a uma História local, por exemplo, remete o professor a certas representações de práticas escolares que ao longo de décadas receberam essas denominações, orientando para estudos muitas vezes de histórias oficiais e formais. Esse é o caso de focarem [sic] em uma História local como sinônimo de estudo da divisão política do município, ou de histórias de nomes de ruas e de seus moradores, ou histórias dos fundadores do bairro ou de pioneiros da região ou da cidade. Nesses casos, a proposta de compreender o presente através de estudos do passado esvanece novamente em histórias individuais de pessoas ilustres e/ou de histórias de administradores.

De modo geral, os trabalhos dos professores de questionar o presente e estudar a história cotidiana e/ou local com seus alunos têm sido diversificados, e os bens sucedidos implicam em pesquisas de obras e de autores que estudaram os temas em perspectivas amplas e também específicas. Pesquisas bibliográficas contribuem, por exemplo, para localizar quais as representações que predominam formalmente para determinado tema ou localidade, possibilitando questionar essas representações e encontrar alternativas para abordagens históricas que evitem a reprodução de generalizações, estereótipos, preconceitos e mitos. No caso de estudo de história de cidades, é razoável, por exemplo, fugir da ideia de desenvolvimento urbano uniforme e homogêneo, e privilegiar, em vez disso, a diversidade de ocupações e modos de vida, as histórias específicas e descompassadas, as variadas classes sociais, seus espaços e seus conflitos, a distribuição desigual dos bens e serviços, sem perder de vista as imersões dessas questões na expansão urbana como um todo.

Um encaminhamento enriquecedor para a formação dos alunos pode se constituir por meio de questionamentos a respeito do modo de vida, dos valores, das práticas cotidianas, dos problemas que afetam a sociedade contemporânea. Nesse sentido, as análises deixam de focar o bairro e as regiões do ponto de vista administrativo e político, para valorizar a discussão da organização da cultura e do espaço como construções históricas, priorizando o elemento humano, suas obras, suas atividades, seus valores, suas contradições. O esforço fica voltado para identificar a história que está imersa na vida cotidiana, nas relações sociais e no trabalho. Há, por exemplo, elementos de uma divisão do trabalho internacional, manifestos nas políticas públicas, nos valores de consumo, nas intervenções ambientais, nas técnicas, nas desigualdades entre as classes sociais. Assim, os comportamentos, os objetos, as crenças, os medos, as paisagens são testemunhos, manifestações concretas, da história da sociedade estudada.

Na escolha de construção de um currículo nessa perspectiva, problematizar o presente é, então, estudar a expressão da sociedade que se organiza no espaço, nas materialidades, nas ideias, nas condutas cotidianas. O tempo presente acumula os modos de vida anteriores e os seus elementos são expressões singulares de temporalidades históricas.

O professor e a reorganização curricular

Nessa perspectiva, os primeiros questionamentos são sempre dos professores. Partem da preocupação atenta para os problemas da sociedade contemporânea, interrogando o presente, estudando suas relações com a organização histórica da coletividade, identificando boas questões que favoreçam o envolvimento dos estudantes em investigações históricas, com o intuito de melhor compreenderem a organização do mundo social em que vivem. Por exemplo, em muitos contextos brasileiros, as mulheres recebem remuneração [des]igual aos homens, mesmo exercendo o mesmo tipo de trabalho. Essa desigualdade pode ser uma problemática local (da família dos alunos, do bairro, da cidade, da região...), mas também é um problema histórico, já que a luta das mulheres por igualdade social e política tem antecedentes em diferentes contextos do passado. Nesse caso, escolher conteúdos históricos dos currículos e dos livros didáticos, que tratam das relações de trabalho que incluem as mulheres como trabalhadoras e que tratam das lutas feministas, possibilita tanto questionar relações sociais contemporâneas, como também inserir essas relações em uma temporalidade histórica mais ampla. Isso implica em [sic] dizer que estudar questões sociais do tempo presente não significa abandonar os estudos históricos. Ao contrário, são as relações entre o presente e o passado que contribuem para que a História ensinada adquira significados para os estudantes ávidos por entenderem por que se estuda essa disciplina na escola.

Em alguns casos, os currículos formais trazem como proposição importante questões históricas da contemporaneidade para serem os motes para os estudos escolares do passado. Mas, em outros casos, essa construção dos questionamentos, da busca de relações entre a história cotidiana e local e a história nacional e mundial,

> precisa ser arquitetada pelo professor, considerando as realidades específicas de seus alunos e da comunidade onde vivem.
>
> Privilegiar estudos escolares nessa perspectiva pode ser muito trabalhoso, mas também muito envolvente e criativo. Significa, na maioria das vezes, ampliar a concepção de conteúdos a serem ensinados, incluindo entre eles, como sugere Zabala, além de conceitos, também os procedimentos e atitudes. Nesse caso, o professor inclui no currículo a preocupação de ensinar como questionar as dimensões históricas do cotidiano, como pesquisar no livro didático relações entre as questões do presente e outros momentos históricos do passado, como organizar questionamentos e formalizar pesquisas em outras fontes e com linguagens diversificadas – orais, escritas, cartográfica, imagéticas, sonoras e fílmicas. Os diversos materiais pesquisados e utilizados podem também receber tratamento metodológico de documentos históricos, possibilitando discernir os autores, os contextos de produção, as intencionalidades dos discursos e dos materiais produzidos, as diferentes linguagens e gêneros textuais. Tudo isso pode desencadear coleta de documentos (entrevistas, plantas, crônicas, memórias, fotos familiares, filmes antigos...), produção de novos materiais (vídeos, fotos e entrevistas gravadas...), convivência e valorização de moradores antigos, identificação de conflitos de interesses na realidade econômica e política local, identificação de locais e construções com valores históricos, conhecimento dos órgãos públicos responsáveis por preservação, identificação de arquivos e bibliotecas públicas, identificação de acervos documentais digitalizados, preocupação com os patrimônios históricos, maior envolvimento com projetos políticos de intervenção no espaço do bairro ou da cidade, identificação de uma diversidade de sujeitos históricos atuando na História brasileira.
>
> Diante da proposta do *presente questionar o passado*, é importante voltar à pergunta inicial: quais as finalidades dos conteúdos históricos nas escolas?
>
> [Antonia Terra de Calazans Fernandes
> Professora Doutora do Departamento de História - FFLCH - USP]

Fonte: Fernandes, 2023.

Com base nesse texto e no conteúdo abordado no capítulo, crie um projeto de ensino que você considera ideal para se utilizar em sala de aula.

Capítulo 3

Conceitos para o
ensino de história

Neste capítulo, discorremos sobre as perspectivas historiográficas contemporâneas e o ensino de história no século XXI. Dessa forma, exploramos alguns conceitos estratégicos dessa área do conhecimento, como tempo, sujeitos históricos, fonte histórica, memória e anacronismo, mostrando como eles podem ser abordados em sala de aula.

(3.1)
TEMPO

Um dos primeiros temas que o professor de História precisa abordar nas turmas do 6º ano do ensino fundamental e do 1º ano do ensino médio é o conceito de tempo.

Ao perguntarmos aos alunos mais novos sobre o significado da palavra *tempo*, percebemos que muitos deles a veem como sinônimo de *clima*. Quando estávamos na educação básica, talvez tenhamos respondido a essa pergunta da mesma maneira.

Contudo, o conceito de tempo que interessa ao historiador não é o referente ao conjunto de condições meteorológicas, mas, sim, ao *continuum*, à **duração** de um processo ou acontecimento. Segundo Bloch (2001, p. 55), a "História é a ciência que estuda o homem no tempo". Na verdade, o tempo é uma abstração cultural, portanto humana. Essa sentença é, por certo, difícil de se digerir; a temporalidade, a cronologia e a linearidade estão tão enraizadas em nós que tendemos a naturalizar o conceito de tempo como algo absoluto e imutável. Nas seções a seguir, demonstramos a historicidade desse conceito, problematizando-o à luz da história.

3.1.1 Tempo da Natureza

Erico Verissimo, um dos principais escritores brasileiros, iniciou um dos livros que integram a trilogia *O tempo e o vento* da seguinte forma:

> "Sempre que me acontece alguma coisa importante, está ventando", costumava dizer Ana Terra. Mas, entre todos os dias ventosos de sua vida, um havia que lhe ficara para sempre na memória, pois o que sucedera nele tivera a força de mudar-lhe a sorte por completo. Mas em que dia da semana tinha aquilo acontecido? Em que mês? Em que ano? Bom, devia ter sido em 1777: ela se lembrava bem porque esse fora o ano da expulsão dos castelhanos do território do Continente. Mas, na estância onde Ana vivia com os pais e os dois irmãos, ninguém sabia ler, e mesmo naquele fim de mundo não existia calendário nem relógio. Eles guardavam na memória os dias da semana; viam as horas pela posição do sol; calculavam a passagem dos meses pelas fases da lua; e era o cheiro do ar, o aspecto das árvores e a temperatura que lhes diziam as estações do ano. Ana Terra era capaz de jurar que aquilo acontecera na primavera, porque o vento andava bem doido, empurrando grandes nuvens brancas no céu, os pessegueiros estavam floridos e as árvores que o inverno despira se enchiam outra vez de brotos verdes. (Verissimo, 2005a, p. 5)

Nessa obra, escrita na década de 1940, Verissimo procura reconstruir aspectos do passado colonial do Sul do Brasil. Embora não seja nosso objetivo usar esse trecho literário como fonte de estudos da referida época, ressaltamos a abordagem do autor com relação ao modo como as sociedades mediavam a passagem do tempo sem a utilização de relógios mecânicos e também como localizavam o período/a estação do ano sem calendários. Esse é o primeiro ponto que gostaríamos de abordar em nossa discussão sobre o tempo.

Os primeiros relógios mecânicos surgiram na Europa, por volta do século XIII. Antes de seu aparecimento – e até mesmo depois, pois levaram certo tempo para estar amplamente presentes na vida das pessoas –, as sociedades se organizavam pela observação dos astros. Verissimo (2005a) relata que os personagens calculavam a passagem dos meses pelo movimento da lua; que a aparência das árvores dava indício das estações do ano; e que o movimento diário do sol garantia a separação entre dia e noite, ou seja, momento de trabalho e de descanso.

Outra fonte de informação sobre o passado são os livros sagrados das grandes religiões monoteístas. Independentemente de sua religião, um dos livros que deve ser sempre consultado pelo profissional de História é a Bíblia. Não falamos isso por causa do valor que esse conjunto de textos tem nas religiões judaico-cristãs, mas porque ele deve ser entendido como fonte histórica de uma época e um local. Nessa obra também se podem buscar indícios sobre a localização temporal e a forma como a passagem do tempo era medida antigamente.

No livro de Tobias, por exemplo, escrito por volta do século II a.C. e localizado no Antigo Testamento, consta do capítulo 8, versículos 11 a 14, a seguinte passagem: "Ora, ao cantar do galo, Raquel chamou os seus criados e foram juntos cavar uma sepultura. [...] Manda uma de tuas escravas ver se ele morreu, a fim de que eu possa enterrá-lo antes de clarear o dia" (Bíblia, 2017b).

Já no livro de Mateus, escrito entre os séculos I e II d.C. e situado no Novo Testamento, há, no capítulo 26, versículo 34, esta passagem: "Disse-lhe Jesus: Em verdade te digo que esta noite, antes que o galo cante três vezes me negarás" (Bíblia, 2017a).

Ambas as passagens revelam como o cantar do galo – um despertador natural – indicava que a aurora estava próxima, ou seja, que era o momento de abandonar temporariamente o leito, providenciar a refeição da manhã e iniciar a jornada do novo dia.

Tais trechos evidenciam que, no passado, os fenômenos da natureza, como a movimentação dos astros, garantiam às sociedades humanas condições de medir a passagem do tempo e de organizar suas tarefas.

3.1.2 Primeiros relógios e calendários

Em várias sociedades e em diversos momentos, os seres humanos usaram sua inteligência e sua capacidade de observação para criar instrumentos que medissem a passagem das horas. O primeiro deles foi o relógio de Sol, que surgiu no Egito, há mais de 4 mil anos. Depois, vieram as clepsidras (relógios de água), as ampulhetas, as velas e as lamparinas; estas duas últimas, à medida que queimavam, apontavam o passar do tempo. Convém destacarmos que muitos desses instrumentos não eram tão precisos como os relógios modernos.

Os astrônomos, com base em observações da movimentação do Sol e da Lua, elaboraram os primeiros calendários, de 365 dias (solares) e outros de 354 dias (lunares).

Os antigos mesopotâmicos dividiram o calendário em semanas de 7 dias, em um ano de 12 meses, o qual era utilizado para localizar as estações do ano e dividir os trabalhos agrícolas: havia períodos para o preparo do solo, o plantio, a colheita e o descanso. Outra utilidade era apontar a época dos festins religiosos.

Atualmente, o calendário é fundamental para a organização de nossa sociedade. Nele identificamos os dias da semana, nos quais realizamos compromissos profissionais e familiares; momentos de lazer; entre outras atividades.

O calendário utilizado no Brasil é chamado *gregoriano*, pois foi organizado pelo Papa Gregório XIII, em 1582. Ao contrário do que muitos pensam, não é o único que existe: além dele, há os calendários chinês, hebreu, muçulmano etc. Cada um tem seu marco inicial, e os feriados religiosos e civis variam de acordo com a história do país que o utiliza. É muito importante, sobretudo no ensino fundamental, reforçar com os alunos a existência de diferentes tipos de calendários e as especificidades culturais de cada um, a fim de que percebam a pluralidade cultural e adotem, desde cedo, uma postura cosmopolita.

3.1.3 Relógio mecânico

A partir do século XI, ocorreu o ressurgimento das cidades europeias, impulsionado pelo reflorescimento das práticas comerciais. O historiador francês Jacques Le Goff (2008) aponta que as visões sociais burguesas começaram a entrar em choque com a tradição católica, sendo um dos pontos de atrito a percepção que ambos os grupos tinham do tempo. Para o então recente mundo burguês, tempo era dinheiro, portanto deveria ser utilizado com racionalidade. Desde então, os burgueses desenvolveram maneiras de expropriar a mão de obra artesã de seu próprio tempo e ritmo de trabalho. Já a Igreja entendia o tempo como algo dado e tirado unicamente por Deus. Essa tensão entre o tempo do mercador e o dos religiosos pode ser verificada nas intensas discussões medievais acerca da usura – prática de emprestar dinheiro sob cobrança de juros.

Com base no conceito de preço justo, a Igreja posicionava-se contra a prática da usura, pois a entendia como uma ação que retirava das pessoas seu tempo – gasto para a aquisição dos valores referentes aos juros –, o qual, para os religiosos, só podia ser dado ou retirado por Deus.

Nesse novo mundo que aflorava na Europa, pautado em valores burgueses e no capitalismo mercantil, a notação precisa do tempo se fazia cada vez mais necessária. O historiador inglês Edward Thompson (1998) analisa esse contexto de transição e defende a existência de uma oposição entre o tempo da natureza, mencionado no trecho de Verissimo (2005a), e o tempo do relógio, mais preciso e sincronizado.

Suas pesquisas apontam que, no final do século XVI, existiam relógios mecânicos em quase todos os locais públicos ingleses, sobretudo nas igrejas; nesse contexto, os sinos exerceram importante função. Thompson (1998) relata que, no século XVII, um proprietário doou terras a um sacristão, que deveria tocar o sino todos os dias, de setembro a março, às 4 horas e às 20 horas, com o objetivo de orientar os horários de repouso e de despertar das pessoas que viviam próximo à igreja.

Após a disseminação dos relógios públicos, os relógios não portáteis começaram a fazer parte do mobiliário das casas. E, em pleno século XVIII, concomitantemente à Primeira Revolução Industrial, alastravam-se em larga escala os relógios portáteis, cujo uso universal se consumaria nos séculos seguintes. Os trabalhadores da jovem indústria, portanto, estavam submetidos a uma maior sincronização de seu trabalho. O controle do tempo e a maior precisão em sua notação foram peças importantes para o desenvolvimento do capitalismo industrial.

3.1.4 Tempo cronológico e tempo psicológico

Desde pequenos, ouvimos nas aulas de Ciências, por exemplo, que nosso ciclo de vida deve seguir a tendência natural de nascimento, crescimento, reprodução e morte. Esse tempo pode ser chamado de *cronológico*, pois é controlado pelo calendário ou pelo relógio.

Independentemente da situação financeira do indivíduo, do gênero ou de outros fatores, 1 minuto sempre terá 60 segundos, e 1 dia, 24 horas. Podemos afirmar que é o tempo que passa de maneira igual para todos.

Um exercício valioso para visualizar o tempo cronológico é a observação de fotos familiares tiradas no passado. Imagens associadas à infância ou à adolescência, bem como retratos de casamento (dos pais, avós etc.), servem como indicadores da passagem do tempo cronológico. Adiante, abordaremos a ideia de *sujeito histórico* e retomaremos essa discussão sobre a história da família como uma das chaves da compreensão dos processos históricos.

Existe também uma dimensão do tempo referente à nossa percepção quanto à sua passagem. É o chamado *tempo psicológico*. Já aconteceu de você estar em uma aula entediante e, ao monitorar o tempo no relógio, chegar à conclusão de que ela está passando muito devagar? Outra situação em que o tempo parece não passar diz respeito às partidas de futebol: aos 40 minutos do segundo tempo, a Seleção Brasileira está vencendo por apenas um gol de diferença. O outro time começa a atacar freneticamente, pois não tem nada a perder. Nossos volantes e nossos zagueiros estão cansados, e nós, espectadores, ficamos olhando para o cronômetro e os minutos parecem passar muito lentamente. Isso quando o juiz não concede alguns minutos de acréscimo, aumentando nossa aflição.

No entanto, há momentos em que o tempo parece passar rápido demais. Isso acontece, por exemplo, quando vamos ao *show* de uma banda de que gostamos ou ao cinema para assistir a um filme envolvente. Também é comum comentarmos sobre a rapidez com que os fins de semana, os feriados e as férias passam; quando percebemos, já estamos novamente envolvidos em nossas rotinas.

É atribuída a Einstein a seguinte frase: "Ponha sua mão num forno quente por um minuto e isto lhe parecerá uma hora. Sente-se ao lado de uma bela moça por uma hora e lhe parecerá um minuto. Isto é relatividade". Nossa percepção da duração do tempo está, portanto, diretamente relacionada à satisfação ou à insatisfação com o que estamos vivendo.

Durante boa parte da Idade Moderna, a produção intelectual esteve vinculada ao pensamento religioso, sobretudo ao católico. Nesse sentido, até o século XVII, os pensadores elaboravam uma cronologia para a história da Terra ligada à tradição bíblica, de acordo com a qual nosso planeta tinha apenas entre 6 mil e 8 mil anos.

Foi com a Revolução Científica e o Iluminismo, entre os séculos XVI e XVIII, que a ciência passou a trabalhar com balizas temporais geológicas, conforme as quais o Planeta Terra tem aproximadamente 4 bilhões de anos. Essa transição representou um grande salto na percepção do tempo e de sua ação.

(3.2)
Sujeito histórico

O século XX foi o cenário de uma verdadeira renovação na historiografia, como você acompanhou, em parte, nas discussões do capítulo anterior. A perspectiva de dar voz a atores até então desprezados foi uma das grandes responsáveis pela superação da historiografia mais positivista. Era a vez da *história vista de baixo*, como cunharam alguns historiadores europeus.

Um dos principais desafios do professor contemporâneo é mostrar, de forma convincente, a seus alunos que eles são agentes da história. Muitos estudantes, no ensino fundamental, têm acesso a um ensino de história tradicional, que supervaloriza grandes heróis e feitos marcantes. Esse tipo de estratégia cria a sensação de que a história é algo bastante distante de suas vivências diárias.

Para romper com esse paradigma, é preciso convencer os alunos de que as ações dos antepassados deles e suas próprias ações dão movimento e dinâmica à história. Entretanto, essa não é uma tarefa simples. Como professores de longa data, temos uma sugestão: trabalhar importantes processos migratórios dos quais nossos antepassados tenham participado e demonstrar em que nível nossas famílias e as deles foram responsáveis por esses movimentos.

O historiador que atua como professor deve ter um bom conhecimento acerca do campo de estudos *história da família* e, não menos importante, sobre a história de sua própria família. É importante que o pesquisador converse com seus pais, irmãos mais velhos, tios e avós para levantar informações sobre o lugar de onde vieram, as atividades que exerciam e os fatores que motivaram os processos migratórios familiares, para, com base nisso, tornar claro aos alunos como o educador e seus antepassados participaram da construção da história.

Vamos supor que a história da família do professor seja a seguinte: seus avós são descendentes de europeus que participaram da chamada *grande imigração para o Brasil*, de 1850 a 1950. Com base nesse marco, o educador pode concluir com seus alunos que esses antepassados não vieram para o Brasil porque foram forçados por alguém ou porque um Estado Nacional os expulsou de onde viviam. Eles vieram para cá em busca de uma vida melhor, para fugir da crise que o continente europeu enfrentava, acreditando que uma nova terra poderia conceder-lhes novas oportunidades.

O professor pode argumentar também que as gerações anteriores de sua família habitavam as áreas rurais – vale ressaltarmos que, até a década de 1970, a maioria da população brasileira vivia no campo. Vamos supor que os antepassados do educador – italianos, por exemplo – desembarcaram em São Paulo, onde iniciaram atividades profissionais ligadas à cafeicultura. Como ficaram, por um bom tempo, sem acesso a terras próprias, decidiram migrar para o Centro-Oeste ou para o Sul do Brasil, áreas ainda pouco exploradas, onde se tornaram pioneiros. Alguns continuaram a se dedicar ao café, porque as condições do novo local eram mais adequadas, e outros mudaram de ramo, porque uma outra mercadoria era mais lucrativa.

A família em questão ficou estabelecida nessa região por muito tempo, até que as gerações mais novas começaram a enfrentar problemas relacionados à tecnificação do trabalho no campo ou à ausência de terras próprias para produzir. Essas pessoas, então, receberam a notícia de que, em alguma cidade de porte maior na região, poderia haver oportunidades de trabalho na indústria. Novamente, portanto, sua família esteve envolvida em um ciclo migratório.

Agora no meio urbano, estabeleceram-se em atividades da indústria ou do comércio; trabalhando duro, conseguiram garantir os estudos dos filhos, de modo que, a cada geração, era possível perceber avanços na escolarização dos membros de sua família. Todos esses movimentos foram feitos pela ação de pessoas comuns, os familiares do educador; o mesmo vale para os antepassados de seus alunos.

É importante explicitar a relação entre as ações da família e a dinâmica histórica. A partir daí, o professor deve conduzir um processo para que os estudantes investiguem o histórico familiar deles.

Após o uso de estratégias que comprovem que todos somos sujeitos históricos, o próximo passo é demonstrar a participação dos diversos grupos sociais na construção da história. Para tal confirmação, por exemplo, o professor pode retomar o papel das culturas africana e indígena em nossa formação ou a participação das mulheres nos processos históricos. Vale lembrarmos que o ensino dessas culturas é obrigatório nos livros didáticos e, consequentemente, nas escolas.

(3.3)
FONTES HISTÓRICAS

O documento é a base para o julgamento histórico e, sem ele, não temos notícias das sociedades passadas. Segundo Karnal (2009), uma sociedade que não tenha deixado nenhum traço arqueológico, texto ou referência por meio de outros povos, ainda que de forma indireta, não existe para os profissionais da história.

O documento é, portanto, o fulcro da operação histórica, sem o qual não há história. O que difere o historiador do escritor de ficção é justamente o fato de o primeiro articular constantemente suas considerações à ciência histórica que produz amparado pelo documento.

Contudo, o que, afinal, pode ser considerado **documento histórico**? Para os metódicos, como explicitamos anteriormente, a equação era de fácil resolução. O documento é, basicamente, um escrito resultante de uma burocracia oficial. Após o advento dos Annales, no entanto, a questão se tornou mais complexa, uma vez que Bloch elevou à categoria de documento histórico tudo aquilo que o homem vê, toca ou produz. Assim, o critério que define o documento histórico não é simplesmente material (um papel, uma pedra ou uma moeda); enfim, ele passa a ser resolvido na chave de um problema relacional entre o passado e o presente. O documento, como advoga Karnal (2009), passa a ser definido pelos diálogos entre o presente e o próprio documento.

Vamos exemplificar: durante séculos, a Igreja Católica Romana produziu (e ainda produz) documentos em série. Referimo-nos aos livros em que eram inscritos registros de batismo, casamento e óbito; durante muito tempo, esses compêndios representaram mais do que sua definição: série de eventos vitais (no sentido de marcarem fases da vida dos devotos) produzidos pela burocracia eclesiástica, permanecendo um tanto esquecidos e sofrendo a ação do tempo e dos insetos.

Contudo, a partir da década de 1950, alguns países europeus começaram a enfrentar um sério problema. Na França, por exemplo, as autoridades perceberam que as taxas de natalidade no país não eram mais suficientes para repor as de mortalidade, ou seja, a população estava envelhecendo. Nasciam menos pessoas do que morriam, levando à conclusão – eurocêntrica – de que a população originariamente francesa corria riscos de extinção. Não vamos entrar no mérito da questão, porém, lembramos que esse ainda é um problema em determinadas áreas europeias, a ponto de existirem programas de subsídio para casais que optam por ter mais de dois filhos.

As autoridades precisavam saber se aquela situação era definitiva, se já havia ocorrido antes e se era cíclica. Para responder a essas perguntas, os interessados precisavam verificar as composições populacionais do passado francês recente e remoto e, para isso, utilizaram os registros paroquiais. Considerando-se que, segundo os códigos canônicos, as crianças deveriam ser batizadas o mais cedo possível – assim que nascessem –, esses registros revelavam, ainda que indiretamente, o número de crianças nascidas sazonalmente na história francesa antiga, ao mesmo tempo que os registros de óbito denotavam o número de mortes. Obviamente, havia falhas de registro e imprecisões, chamadas de *sub-registros*, de forma que os investigadores precisaram desenvolver métodos alternativos para tentar contornar esses problemas. Afinal, os padres que registravam aquelas atas tinham preocupações diversas com relação à demografia contemporânea.

Contudo, para o objetivo desta obra, o que mais nos interessa é mostrar como, com base em uma demanda do presente europeu – o decréscimo populacional francês –, os registros paroquiais do passado se tornaram fontes importantíssimas para o estudo da história.

Ao converterem aquelas atas em documentos históricos, os historiadores vislumbraram um mundo que poderia ter sido perdido e verificaram, por exemplo, que as taxas de abandono de crianças eram assombrosas em alguns locais do Ocidente moderno. Arrolaram um sem-número de registros de batismo nos quais os padres haviam anotado, por exemplo, "batizei e pus os santos óleos a fulano, exposto ou enjeitado[1] em tal lugar".

A utilização desse tipo de documento chegou também ao Brasil, sobretudo às áreas do Sudeste, onde essas fontes estavam relativamente bem conservadas. Instruídos por essas atas, os historiadores produziram profícuos estudos sobre uma gama de assuntos, como as dinâmicas familiares entre livres e escravos.

Tais resultados deram força à nova abordagem histórica, chamada *história demográfica*, que derivou para um campo mais amplo, conhecido como *história das populações*. Em suma, os estudos das composições familiares no período moderno ganharam muita força. Por fim, se o fenômeno do decréscimo das populações europeias permaneceu, um novo campo de pesquisas se abriu para a história, e, de papéis velhos, as atas paroquiais foram convertidas em documentos históricos/fontes históricas amplamente usadas pela historiografia.

Esse foi apenas um exemplo, mas a operação historiográfica relativa à problematização dos demais documentos seguiu um caminho parecido. Karnal (2009), em quem nos amparamos para escrever essas linhas, cita outro exemplo: a carta de Pero Vaz de Caminha. Escrivão da nau capitania da armada de Pedro Álvares Cabral, ficou ao encargo de comunicar à Coroa as primeiras impressões portuguesas acerca do território com que os lusitanos se depararam. Esquecido durante

---

1   *Exposto ou enjeitado significa "abandonado", "rejeitado".*

quase 200 anos em um canto escuro da Torre do Tombo (arquivo nacional português com sede em Lisboa), esse documento foi reabilitado anos depois, no contexto da Independência, em 1822, podendo ser tido como a *certidão de nascimento do Brasil*.

A carta de Pero Vaz de Caminha suscita outra problematização sensível ao documento: o viés de leitura. Cada historiador, cada geração, lê os documentos de forma diversa. Um pesquisador metódico, fazendo uma interpretação viciada pelo ufanismo, provavelmente ficaria impressionado com o teor da carta de Caminha, que aponta para o surgimento de uma nação. Ao mesmo tempo, um pesquisador da história indígena poderia ler esse mesmo documento em tom de lamento, como um marco da destruição das populações originais do território chamado, hoje, de *brasileiro*. É nesse sentido que Marc Bloch considera a história uma marcha em constante progresso. Para completar, lembramos que o

> *documento não é inócuo. É, antes de mais nada, o resultado de uma montagem, consciente ou inconsciente, da história, da época, da sociedade que o produziram, mas também das épocas sucessivas durante as quais continuou a viver, talvez esquecido, durante as quais continuou a ser manipulado, ainda que pelo silêncio.* (Le Goff, 2003, p. 537-538)

Assim, tendo em vista a gama documental que pode e deve ser explorada pelos historiadores na ânsia de se reconstituir o passado, fica difícil, senão impossível, enumerarmos aqui todos os tipos de fontes históricas. Há, por exemplo, os documentos oficiais, que, na hierarquia metódica, correspondem ao grupo de documentos mais importantes.

3.3.1 DOCUMENTOS OFICIAIS

Em primeiro lugar, os documentos oficiais se caracterizam por serem escritos. Recebem essa denominação, sobretudo, porque são resultado das burocracias estatais, ou seja, por serem confeccionados no âmbito de órgãos públicos ou privados com a chancela estatal. Entre esses documentos, podemos mencionar: corpos legislativos; documentos camarários; atas de reuniões de instituições; atas de posse; e uma infinidade de documentos cartoriais ou judiciais, como testamentos, inventários, certidões e processos-crime. Os documentos eclesiásticos, chancelados pela Igreja, também entram nesse rol: atas de batismo, de casamento e de óbito; processos de casamento; processos inquisitoriais; entre outros. Todos eles, ainda que sua forma e sua função no tempo variem, têm algo em comum: foram chancelados por uma instituição.

Os documentos oficiais, em geral, caracterizam-se pela objetividade, ou seja, por informações expostas de maneira bastante pragmática. Um historiador interessado em estudar o sistema de distribuição e de posse de terras no período republicano encontrará nas informações cartorárias, por exemplo, os nomes dos donos das terras, as datas de compra e de venda, as localizações das propriedades, e assim por diante.

Dito isso, convém ressaltarmos que não se devem subestimar esses documentos por serem os preferidos dos metódicos. Pelo contrário, o conhecimento acerca de nossa história avançou muito a partir do uso desse tipo de fonte. Além disso, a acessibilidade a muitos desses documentos favorece sua utilização em sala de aula. Por exemplo: em uma aula sobre a República Velha, o professor pode propor aos alunos um exercício em que tenham de contrapor alguns artigos, parágrafos e incisos da primeira Constituição republicana brasileira à Constituição de 1988. Quais as rupturas? Quais as permanências?

Existem também os documentos não oficiais, como cartas, fotografias de acervos pessoais, depoimentos orais e obras literárias, riquíssimos do ponto de vista qualitativo. Contudo, de nada valem se o pesquisador não os problematiza em seus estudos e se o professor historiador não os leva para a sala de aula.

Já indicamos diversas possibilidades de se trabalhar com esse tipo de documento em sala de aula. Valem algumas considerações sobre certa hierarquia de importância entre os documentos históricos: na atualidade, por exemplo, um pedaço de concreto armado que se partiu e caiu de uma construção qualquer é, certamente, menos importante, como fonte histórica e material, que um pedaço de concreto armado do Muro de Berlim, arrancado à força quando essa estrutura foi derrubada.

Contudo, definir uma hierarquia engessada acerca dos documentos históricos é perigoso. Afinal, a história não é uma marcha em constante progresso? Assim, é mais seguro tomar tal organização como algo fluido, que depende dos usos que o historiador ou a historiografia fazem das fontes documentais e, principalmente, do avanço da ciência que essas fontes permitem com relação a determinada temática histórica. A importância da assinatura de uma autoridade isolada em uma série de documentos burocráticos é diferente, por exemplo, da mesma assinatura em uma carta de declaração de guerra. Para um historiador preocupado em reconstruir a demografia de São Paulo Colonial, um único registro de batismo, ainda que seja de uma autoridade, vale menos que uma série dos mesmos registros que lhe permitam recuperar sazonalmente os nascimentos, ano a ano.

Em suma, documento histórico/fonte histórica é basicamente qualquer vestígio sobre o passado que foi conservado, acidental ou propositalmente, e chegou às mãos de um pesquisador que resolveu indagá-lo em busca de informações sobre períodos remotos.

(3.4)
ANACRONISMO

Definido como o "ato de pôr algo fora do tempo correspondente" (Ferreira, 2010), o anacronismo é um dos maiores erros que um historiador pode cometer. Em outras palavras, ao produzirem suas análises, os historiadores devem evitar o uso de seus referenciais de valores para estudar as sociedades do passado. Marc Bloch (2001) defende que esse tipo de postura leva a julgamento, e não a compreensão. Portanto, não se devem julgar sociedades passadas, mas sim compreendê-las.

Em sala de aula, constantemente os professores cometem anacronismos, pois um dos recursos pedagógicos utilizados é o da analogia, ou seja, relação de semelhança entre dois ou mais elementos ou eventos. Desse modo, muitos educadores historiadores comparam diferentes sociedades em temporalidades distintas.

Conceitos e valores sociais têm uma temporalidade que não pode ser ignorada. Usá-los de forma atemporal irresponsavelmente leva o professor a promover raciocínios históricos equivocados, e a disciplina de História, como fornecedora de um rol de experiências humanas, acaba por cair em uma linearidade, o que a empobrece. O aluno pode ficar com a sensação de que, em história, tudo se repete de tempos em tempos.

Essa roda de repetições enfraquece um dos objetivos do ensino de história: demonstrar aos alunos que eles e seus antepassados são efetivamente sujeitos históricos e que suas ações não são predeterminadas por uma linearidade e uma repetição constante.

No entanto, reconhecemos que "há mais coisas entre o céu e a Terra do que pode imaginar nossa vã filosofia", como dizia Shakespeare. Como demonstrar aos alunos o sentido do estudo de temas de história antiga, por exemplo? Como convencê-los da importância desse conhecimento para além da erudição? Essas questões sempre resultam nas famosas perguntas: "Professor, para que serve história?"; "Por qual razão tenho de estudar sobre pessoas que já morreram?".

Para justificar a existência da disciplina de História no currículo, muitos professores se utilizam da analogia para dar sentido aos alunos que estão construindo seu saber histórico. Até mesmo nas teorias psicológicas do aprendizado de Vygotsky e em seu conceito de zona proximal, em que o professor mediador deve aproximar os novos conceitos dos conhecimentos que os alunos já detêm, justifica-se o uso de analogias que podem levar ao anacronismo. O que fazer então?

Com base nos argumentos de Marc Bloch, a historiadora Nicole Loraux (1992) faz um elogio ao anacronismo. Segundo ela, para ser um historiador, é preciso ter a audácia de correr o risco do anacronismo. Utilizando-se do raciocínio de Bloch de que se deve compreender o presente pelo passado e vice-versa, Loraux (1992) conclui que uma dose de anacronismo faz parte do ofício do historiador. Desse modo, defende que a utilização controlada de tal recurso traz mais benefícios que prejuízos à construção do saber histórico.

Apoiados nisso, entendemos que, com responsabilidade, a analogia deve ser utilizada para aproximar os alunos do saber histórico. A democracia grega nos ajuda a entender a do mundo atual; as bases das religiões nos auxiliam a compreender os conflitos religiosos contemporâneos; e a prática da escravização no Brasil Colonial e no Brasil Imperial nos permite traçar as bases da igualdade social brasileira. Com responsabilidade intelectual, professores historiadores podem usar o exercício presente-passado-presente para aprofundar suas aulas e torná-las reflexivas.

O que se deve evitar é o anacronismo que serve ao embasamento de ideologias, que justifica ódios e perseguições. Essa escolha, sim, é abominada pelos historiadores, pois retira toda a cientificidade da disciplina de História.

(3.5)
Memória

Todos temos memória, não é? Ela faz parte da condição humana. A capacidade de lembrar nos orienta na duração, no *continuum*, ou seja, é pela memória que separamos os momentos de ontem dos de hoje; também é pela memória que armazenamos informações estratégicas, as quais nos permitem viver o cotidiano.

Embora, em alguns casos, a memória nos remeta ao futuro, por exemplo, quando nos lembramos de um compromisso que assumimos para a semana que vem, de maneira geral, ela nos reporta ao passado. Lembramo-nos de uma paisagem que vimos outrora, do cheiro de pão fresco na casa de nossa avó, de uma melodia que ouvimos e ficou gravada em nossa mente... Assim, a partir do presente, reatualizamos constantemente o passado.

A analogia entre história e memória tende a ser direta. Entretanto, tomar esses conceitos como sinônimos é perigoso e equivocado. Veja a seguir por quê.

Le Goff (2003), pertencente à terceira geração da escola dos Annales, retoma a etimologia do termo *memória*. Segundo o estudioso, essa palavra deriva de Mnemosine, a "deusa grega da memória". Ela preservava os heróis e seus grandes feitos do esquecimento. Conforme as narrativas mitológicas, Mnemosine tinha, com Zeus, nove filhas, entre elas Clio, a "deusa da história". Sendo assim, a memória e a história apresentam uma relação maternal, porém longe de ser tranquila;

na verdade, tal vínculo se tornou tempestuoso e, por conseguinte, bastante problematizado pelos historiadores.

Antes de expormos diretamente as problemáticas da relação história-memória, vamos propor uma reflexão sobre este excerto de Le Goff (2003, p. 392):

> *o estudo da memória abarca a psicologia, psicofisiologia, neurofisiologia, biologia e, quanto às perturbações da memória, das quais a amnésia é a principal, a psiquiatria. Certos aspectos do estudo da memória, no interior de qualquer uma destas ciências, podem evocar, de forma metafórica ou de forma concreta, traços e problemas da memória histórica e da memória social.*

A memória não deve ser encarada como um conceito meramente abstrato; ela é uma propriedade constituinte do psiquismo humano, portanto está sujeita a perturbações. Não por acaso, existem expressões como *memória afetiva*, quando nos lembramos de algo que interfere em nossas emoções. Esse é um bom ponto de partida para problematizarmos a memória à luz da história.

Convém ressaltarmos que, muitas vezes, nos esquecemos – ou escolhemos nos esquecer – de determinadas coisas, na mesma medida que escolhemos nos lembrar de outras; daí a expressão *memória seletiva*. Le Goff (2003) faz ainda uma analogia com a amnésia (perda da memória).

Nessa direção, Sigmund Freud, o fundador da psicanálise, levantou hipóteses importantes para avançarmos no assunto. Para o estudioso austríaco, a memória não se configura em uma espécie de museu. Muito mais complexa que isso, é a manifestação do psiquismo; a memória encontra sua mais verdadeira analogia com a lousa mágica – pequeno quadro em que se inscreverem traços, palavras e desenhos utilizando-se uma caneta magnética; para apagá-los, deve-se deslizar o ímã magnético acoplado em sua base de um lado do quadro para o outro. Segundo Freud, a memória é análoga a esse quadro: embora a informação ali contida possa ser apagada, ficam registrados traços no dispositivo magnético, ainda que pouco perceptíveis ou, até mesmo, imperceptíveis em sua superfície.

Há pessoas que esquecem eventos ou, até mesmo, habilidades psicomotoras em função de traumas que vivenciaram. Há também aquelas que se lembram de determinados acontecimentos de forma diversa do que realmente ocorreu, conforme as variações emocionais a que estão ou foram submetidas. A memória de indivíduos mais frágeis psiquicamente pode, inclusive, ser manipulada, e há pessoas que inconscientemente alteram as próprias memórias.

Ao relacionarmos esses problemas da memória psíquica e individual à história, podemos apontar as armadilhas em que podemos cair se tomarmos história e memória como sinônimos. O principal desses problemas é a seleção. O filme alemão *Das Schreckliche Mädchen* – em português, *Uma cidade sem passado* –, do diretor Michael Verhovende, produzido em 1990, ilustra muito bem esses dilemas.

A história se passa em uma cidade alemã, de nome fictício, em fins dos anos 1980. A protagonista, Sonja, lança-se numa verdadeira jornada para entender como as autoridades locais se relacionaram com o antissemitismo e, também, com o regime nazista de Adolf Hitler. A memória "oficial" mantida por boa parte dos habitantes mais velhos, alguns deles ainda ativos em cargos políticos, era a de que a cidade teria feito o possível para resistir ao nazismo, envolvendo-se pouco, ou quase nada, com o regime. Desconfiada dessa versão, Sonja lança-se aos arquivos. Porém, seu acesso aos documentos essenciais é insistentemente negado pelos responsáveis. Quando a jovem investigadora consegue, de maneira escusa, devassar os arquivos, encontra finalmente o que estava procurando: documentos que atestavam não apenas a ligação das autoridades locais com práticas antissemitas, mas também uma colaboração fortíssima com o regime de Adolf Hitler. A partir daí, ela passa a sofrer ameaças e perseguições.

Agora, imagine se Sonja se deixasse levar inocentemente pelas narrativas memorialísticas das autoridades locais. Certamente, o resultado de seu trabalho seria desastroso. Portanto, se for verdade que a memória é manipulada, esta poderá ser extremamente influenciada pelas instâncias de poder de determinadas sociedades.

Le Goff (2003) dá conta de sociedades ágrafas que se perderam inteiramente de nosso conhecimento, porque os grupos dominantes suprimiram os legados memorialísticos dos subjugados. Nos anos 2000, houve um caso interessante acerca dessa discussão no Brasil. Celebrava-se, nessa época, o marco de 500 anos do "descobrimento" do Brasil. No entanto, se considerarmos que, muito antes da chegada das 13 caravelas ao litoral brasileiro, milhões de pessoas já habitavam essas terras, a palavra *descobrimento* não soa estranha? Então, por que ainda se insiste nesse conceito? Enfim, o "descobrimento" é parte da memória portuguesa, eurocêntrica, em detrimento da memória daqueles que aqui viviam antes da chegada dos lusitanos.

Assim, o historiador, na verdade, jamais deve tomar a memória por história. Segundo Bloch (2001), a memória é uma das principais matérias-primas da história, mas não se confunde com ela. Portanto, o historiador pode utilizar relatos memorialísticos como fonte, porém nunca deve tomá-los como verdades absolutas sem antes problematizá-los seguidas vezes, como fizemos rapidamente com o conceito de "descobrimento" do Brasil. Na verdade, o historiador deve sempre manter uma postura de desconfiança com relação à memória; além disso, deve entender que existem memórias hegemônicas, subestimadas e, até mesmo, apagadas. Quanto a estas últimas, aliás, o estudioso tem grandes responsabilidades. Conforme Peter Burke (1994), cabe ao historiador lembrar a sociedade daquilo que ela quer esquecer. No fragmento a seguir, escrito no calor das celebrações do "descobrimento", Nicolazzi (2000, p. 6) confirma essa afirmação:

> Neste sentido, na oportunidade histórica de comemorar "nosso passado de absurdos gloriosos", não podemos ocultar por trás da glória os absurdos. O grito às margens do Ipiranga não foi, nem nunca será mais sonoro ou histórico que o grito aos pés da Candelária, nas celas do Carandiru, nas terras do Eldorado dos Carajás, nas casas de Vigário Geral. A alegria do nascimento de uma criança, seja ela filha de apresentadora de televisão ou filho de jogador de futebol, não pode nunca se sobrepor ao horror da degolação de duas outras crianças, mortas em Rio Bonito do Iguaçu, no Paraná. Se para ganhar os reinos da felicidade devemos poder esquecer, seríamos eternamente infelizes se não pudéssemos lembrar. E se para lembrar necessitamos da história, que lida com o humano dando-lhe sentido, como lidar com o desumano e dar sentido à barbárie sem esquecer o principal, ou seja, a ética? Mas aí, são outros quinhentos...

Em suma, a memória se configura em uma informação "essencialmente mítica, deformada, anacrônica, mas constitui o vivido dessa relação nunca acabada entre o presente e o passado" (Le Goff, 2003, p. 29). Diante disso, é importante que a informação histórica, fornecida por historiadores profissionais ou por professores historiadores, corrija essa história tradicional falseada. O historiador não deve ser apenas o divulgador ou o guardião da memória, mas, sobretudo, o crítico dessa manifestação humana.

Síntese

Neste capítulo, mostramos que o modo de contar e dividir o tempo varia conforme a crença, a cultura e os costumes de cada povo. Evidenciamos como esse conceito é histórico e a importância de o professor historiador transpor didaticamente essa problematização a seus alunos.

Em seguida, indicamos quem são, para a historiografia contemporânea, os sujeitos históricos. Destacamos que os estudantes precisam entender que não apenas sofrem a história, mas também atuam nela, constituindo-se, assim, em sujeitos históricos.

Ao apresentarmos o conteúdo referente às fontes históricas, enfatizamos a necessidade de o historiador saber problematizá-las. O mesmo vale para o conceito de memória, a qual não deve ser tida como sinônimo de história. Ressaltamos que o professor historiador do século XXI deve ser, sobretudo, um problematizador da história e da memória.

Por fim, abordamos o conceito de anacronismo, explicando que transportar para o pretérito ideias e conceitos característicos de outras épocas é algo muito complicado. Ao mesmo tempo, orientamos o professor sobre a possibilidade de, como recurso didático, fazer analogias com outras épocas com base em conceitos contemporâneos.

Indicações culturais

Filmes

Os dois filmes indicados a seguir apresentam abordagens distintas, mas complementares, sobre a temática da memória.

O primeiro retoma, sob a perspectiva da memória, as temáticas do holocausto e a queda da URSS.

O segundo traz uma discussão muito interessante ao problematizar a ideia de patrimônio cultural histórico a ser preservado, além de mostrar, de forma bem-humorada e sensível, como a memória pode ser (re)construída, inventada e, por fim, manipulada.

EVERYTHING is Iluminated. Direção: Liev Shreiber. Frankfurt: Constantin Film, 2005. 100 min.

NARRADORES de Javé. Direção: Eliane Caffé. Produção: Vânia Catani. Brasil: Bananeira Filmes Brasil, 2003. 100 min.

O filme indicado a seguir permite uma excelente reflexão sobre os sujeitos da história. Tendo como inspiração a obra *Era dos extremos*, do famoso historiador Eric Hobsbawm, retoma o século XX sob a perspectiva de personagens anônimos da época.

NÓS que aqui estamos por vós esperamos. Direção: Marcelo Mozagão. Brasil: Riofilmes, 1999. 73 min.

Atividades de autoavaliação

1. Leia o texto a seguir, que faz referência ao anacronismo, uma espécie de erro conceitual e metodológico que ameaça o trabalho do historiador:

> Segundo o historiador francês Lucien Fèbvre, o anacronismo é *"le péché des péchés, le péché entre tous irrémissible"* (o pecado dos pecados, o mais imperdoável dos pecados) que pode cometer um historiador. Com essa afirmação, que se tornou axiomática, Fèbvre – fundador, com Marc Bloch, da famosa "Revue des Annales", que a partir de 1929 renovou os estudos históricos em todo o Ocidente – apontou o que talvez seja, realmente, o maior perigo que ameaça o nosso ofício.

Fonte: Santos, 2016.

Assinale a alternativa que aborda corretamente o tema *anacronismo*:

a) Um dos grandes perigos do anacronismo é levar ao passado, de forma inocente, ideias contemporâneas do historiador. Nessa direção, um bom exemplo é o desenho *The Flintstones*, em que uma comunidade neolítica sobrevive utilizando artefatos domésticos concebidos apenas no século XX.

b) O grande problema do anacronismo é selecionar, de maneira elitista e hierárquica, temas e personagens que devem ser estudados pelo historiador. Para um historiador anacrônico, só há lugar para grandes reis e heróis.

c) Mais que um problema, o anacronismo foi uma solução encontrada pelas populações do passado para medir o tempo. Erra o historiador que usa esse sistema de medida de tempo para medir os processos do presente.

d) Anacronismo é sinônimo de *sincronia*, portanto é equivocado o entendimento do historiador de que uma série de eventos do passado ocorrerá ao mesmo tempo.

2. Leia o trecho a seguir:

> Em Madagascar, o tempo podia ser medido pelo "cozimento do arroz" (cerca de meia hora) ou pelo "fritar de um gafanhoto" (um momento). Registrou-se que os nativos de Cross River dizem: "o homem morreu em menos tempo do que leva um milho para assar" (menos de quinze minutos). [...] no Chile do século XVII, o tempo era frequentemente medido em "Credos": um terremoto foi descrito em 1647 como tendo durado o tempo de dois credos; enquanto o cozimento de um ovo podia ser estimado por uma Ave-Maria rezada em voz alta.

Fonte: Thompson, 1998, p. 269.

A noção de que o tempo não é um dado absoluto, físico, deve estar clara para todo professor historiador; mais que isso, sua medida está sujeita a implicações culturais. Sobre esse assunto, assinale a alternativa correta:

a) Thompson mostra como as populações do passado mediam o tempo de forma completamente errada.

b) Segundo Thompson, no Chile do século XVII, a medição do tempo, baseada nos credos, era mais precisa do que em Madagascar, onde era baseada na natureza.

c) O autor despreza o fato de que o astrolábio já havia sido criado no Egito Antigo, considerando, erroneamente, as formas de medida temporal empregadas pelos povos citados no excerto.

d) Para Thompson, a medida do tempo tinha variantes culturais. Nos exemplos mencionados, fica claro que as sociedades cristianizadas calculavam o tempo pela duração das orações, e as outras, em contrapartida, por fenômenos da natureza.

3. O excerto a seguir, extraído da Base Nacional Comum Curricular (BNCC), faz menção aos sujeitos em suas diferentes noções de tempo, ou seja, aos sujeitos históricos:

> As análises históricas possibilitam, assim, identificar e problematizar as figurações construídas por e sobre sujeitos em suas diferentes noções de tempo, de sensibilidade, de ritmos. A reflexão sobre os usos do passado remete à memória e ao patrimônio e aos seus significados para os indivíduos nas suas relações com grupos, povos e sociedades.

Fonte: Brasil, 2017.

Sobre os sujeitos históricos, assinale a alternativa correta:

a) A revolução da escola dos Annales restringiu a noção de sujeito histórico a ponto de somente os grandes heróis serem considerados dignos de serem historiados.

b) Os sujeitos históricos passaram a ser sistematicamente desconsiderados nos estudos da terceira geração annalista.

c) A ideia contemporânea de sujeito histórico é bastante alargada, pois abarca não apenas heróis, papas e políticos, mas também sujeitos que, não necessariamente, ocupam o topo da hierarquia social.

d) A noção de sujeito histórico foi dada, prioritariamente, pela escola metódica. Em função de sua abrangência, foi pouco questionada, não sofrendo maiores modificações ao longo do tempo.

4. Leia o fragmento a seguir, que provoca reflexões sobre a memória e suas relações com o passado:

Podemos compreender a memória como sendo qualquer forma de pensamento, percepção ou prática que tenha o passado como sua principal referência. A memória de experiências passadas está presente em cada palavra que dizemos, em cada passo que damos ou em cada sonho que construímos. Ela está presente no pensamento, nos sentimentos e percepções, bem como na imaginação. Tudo o que sabemos ou que podemos aprender se deve às memórias que possuímos ou que iremos adquirir. Mesmo considerando a presença da memória "em nós", precisamos considerar que esse "nós" não é uno e indivisível. (Santos, 2003)

Assinale a alternativa que indica corretamente as relações entre história e memória:

a) História e memória são conceitos sinônimos, já que ambos se referem ao passado.

b) O historiador atento é, antes de tudo, um problematizador da memória. Ele deve sempre se perguntar por que algo é lembrado em detrimento de algo que é esquecido.

c) A memória é um problema exclusivo da psicologia e da neurociência; por isso, o bom historiador deve abster-se de analisá-la.

d) A melhor maneira de um historiador trabalhar a memória como fonte é tomando por base documentos oficiais produzidos por instituições.

5. Leia o excerto a seguir com atenção:

> Segundo Jacques Le Goff, a memória é a propriedade de conservar certas informações, propriedade que se refere a um conjunto de funções psíquicas que permite ao indivíduo atualizar impressões ou informações passadas, ou reinterpretadas como passadas. O estudo da memória passa da Psicologia à Neurofisiologia, com cada aspecto seu interessando a uma ciência diferente, sendo a memória social um dos meios fundamentais para se abordar os problemas do tempo e da História.

Fonte: Maciel, 2006, p. 275.

Assinale a alternativa que apresenta uma concepção correta sobre as abordagens interdisciplinares em História:

a) Tais abordagens devem se restringir às relações com o campo da sociologia, pois o trecho exposto justifica a exclusividade das relações entre essa área do conhecimento e a história.

b) Essas abordagens ajudam o historiador a abarcar a complexidade dos fenômenos humanos ao longo do tempo.

c) O excerto confirma a necessidade de o historiador ater-se à arqueologia na busca de relações interdisciplinares.

d) Tendo em vista que os fenômenos psicológicos são circunscritos ao presente, o fragmento apresentado desencoraja relações entre a história e a psicologia.

Atividades de aprendizagem

Questão para reflexão

1. Para facilitar sua reflexão acerca das questões propostas a seguir, leia esta entrevista:

> **Protesto pró-ditadura ignora história do país, diz Comissão da Verdade de SP**
>
> Desrespeito à história política do país ou falta de conhecimento sobre o período da ditadura militar. Para os membros da Comissão da Memória e Verdade da Prefeitura de São Paulo, o grupo que foi à avenida Paulista pedir a intervenção militar no domingo (15) sofre de algum desses problemas.
>
> O jornalista Audálio Dantas, a professora Tereza Lajolo e o advogado Fermino Fecchio fazem parte da comissão instaurada em setembro do ano passado, que também conta com o escritor Fernando Morais e o ex-procurador Cesar Cordaro.
>
> Os cinco trabalham para investigar violações dos direitos humanos praticadas na cidade durante a ditadura e apuram crimes cometidos por agentes públicos da prefeitura. Eles pretendem esclarecer o envolvimento de empresários, instituições e dos cemitérios municipais na execução de militantes e ocultação dos corpos.
>
> Testemunhas do período e mergulhados há seis meses em documentos da época, dizem que a história dos anos de chumbo ainda é pouco conhecida dos brasileiros. E culpam o próprio Estado por dificultar o acesso às informações.
>
> Leia abaixo a entrevista com Dantas, Lajolo e Fecchio.
>
> **Folha – O grupo que pede a intervenção militar reuniu centenas de pessoas na Paulista. Esse movimento está mais exposto?**
>
> **Audálio Dantas –** Esses grupos apareceram muito timidamente nos protestos de junho de 2013, com uma faixinha aqui e ali. No domingo tiveram mais presença e se manifestaram de forma direta sobre a volta da ditadura. Estão aí como produto da democracia que foi conquistada

às custas de muito sacrifício, de muitas vidas. Devemos prestar atenção nisso e o trabalho da comissão da verdade é esclarecer a verdade e mostrar à sociedade quão nocivo o período foi para o país. Os reflexos estão aí até hoje, inclusive na presença dessas pessoas.

Tereza Lajolo – Me deixou estarrecida que as pessoas na manifestação não perceberam o elemento fundamental: estão vivendo em uma democracia. Eles dizem que naquela época era melhor, mas o simples fato de passar um abaixo-assinado era motivo para você ser presa, porque estava se manifestando contra o governo. E no domingo ninguém reprimiu. Eles tiveram essa liberdade, todos podem criticar o governo. Por que alguém quer a volta de uma coisa dessas? Não estamos conseguindo dar uma resposta a um momento complicado do ponto de vista econômico e político. É necessário fazer o povo entender essa realidade, saber quais são suas bandeiras e como se posicionar nesses momentos. A crise existe, assim como em outros períodos do Brasil. Sem resposta do governo, as pessoas dizem "tira esse e coloca outro", mas coloca outro para quê? Você quer a ditadura, mas para quê? E a economia? Outras questões devem ser discutidas.

O que faz as pessoas se manifestarem a favor de uma opção tão extrema como a intervenção militar?

Audálio Dantas – Observa-se uma profunda ignorância de história na maioria das pessoas que participaram da manifestação, não só aqueles que pedem o retorno dos militares. Não há o entendimento do que o país está vivendo e do que a ditadura militar representou de atrasos. São pessoas muito bem-postas na vida que dizem coisas reveladoras da profunda ignorância ou da falta de respeito com a história do país. Não entendem que soluções não passam simplesmente pela substituição de um governante.

Fermino Fecchio – A gente tem que relativizar essa manifestação. Estamos falando de um protesto na avenida Paulista. Não vi em outro lugar símbolos fascistas. Fazem passeata numa cidade que sequestrou, torturou e matou. Se eu pegar essa lista aqui [de desaparecidos políticos], cito um exemplo. Virgílio está sepultado num cemitério de São Paulo há 46 anos. Foi sequestrado, torturado, assassinado e sepultado como indigente em um cemitério público da cidade, com a conivência de muitas dessas classes que se manifestaram lá. Aliás, com o dinheiro dessas classes que sustentavam esses mecanismos. Virgílio está há 46 anos sepultado e até hoje o poder público não devolveu os restos mortais para [sic] família. Quem contou essa história para os que estavam lá [na manifestação]? Eles também são vítimas do mesmo Estado que institucionalizou o terror como política pública. O Estado não dá informação. Quem são os professores que contam isso para seus alunos?

Como criar uma consciência sobre a ditadura e como a comissão colabora para isso?

Fermino Fecchio – As comissões da verdade são uma responsabilidade social dos poderes públicos, dos equipamentos culturais. Quem fala desse assunto? Ninguém. Da mesma forma que até hoje esse pessoal ignora os fatos, quem torturou e matou não foi nem processado. Como a gente trabalha a impunidade? É necessário alertar sobre isso. O Carlinhos Metralha [que estava no protesto e foi aclamado por manifestantes] não foi depor na Comissão Nacional da Verdade. Ele não apareceu lá, mas aparece na Paulista. Queremos contar a história, para os munícipes, de como a prefeitura de São Paulo funcionou durante o período da repressão. Ela ajudou na repressão? Essa é nossa humilde missão, não é julgar ninguém.

Quais são as dificuldades?

Tereza Lajolo – O que nos acompanha nessa questão de mostrar a ditadura é o fato dos militares terem queimado documentos, de muitos ainda serem impedidos de falar e a documentação que eles têm e não abrem. Quem não deve não teme. Em 1989, os familiares conseguiram a abertura dos documentos do Dops (Departamento de Ordem Política e Social), que estão hoje nos arquivos do Estado, você pode ir lá e consultar. Agora, os arquivos federais, nem a pau. Muitos dos documentos federais foram queimados.

Como veem as selfies com os policiais militares nos protestos?

Audálio Dantas – É a negação de tudo o que se disse nas manifestações em 2013, que a polícia militar era violenta. E os militares acharam muito bom, estavam posando com as mocinhas. As pessoas esquecem que diariamente essa mesma polícia massacra dezenas, centenas nas periferias das grandes cidades. Ninguém está ligando para esse problema. Não que o policial não seja uma pessoa como qualquer outra, mas isso é a confraternização com o símbolo da repressão.

Tereza Lajolo – Historicamente fomos criados numa forma que reverencia o militarismo. A gente sempre aceitou que isso existisse, que precisa se formar no quartel para defender a pátria, não é nem a defesa dos cidadãos. É um troço meio doido. Quando as pessoas acham que essa realidade precisa ser questionada e transformada, se tornam inimigos da pátria. "Saia daqui e vá embora."

Por que esses movimentos pela intervenção militar aparecem com mais força em São Paulo?

Teresa Lajolo – Todo o processo de organização [do regime] aconteceu aqui. A coisa ocorreu de forma planejada com o pessoal de São Paulo, inclusive com empresários da cidade. Além disso, as pessoas que estavam junto ao regime também formaram opinião na família, foram semeando. E um dia a erva daninha aparece. As redes sociais também vão formando opinião. As pessoas formam a cabeça e assumem coisas que nem sabem o que são. Foi como aconteceu na época da ditadura. Eu morava no conjunto residencial da USP até um dia depois do AI-5 (Ato Institucional número cinco), quando fui colocada para fora. Os indivíduos que foram nos prender estavam armados com metralhadoras e, segundo eles, seus superiores disseram que tínhamos armas antiaéreas. Eles tinham medo da gente, acharam que éramos pessoas perigosíssimas.

O movimento que pede intervenção militar pode ameaçar a democracia de alguma forma?

Fermino Fecchio – Não vejo condições de um golpe militar e nem acho que seja o objetivo desses grupos. Se vier o golpe, vem por outros caminhos. Nem no Paraguai estão usando as Forças Armadas. Você usa o Poder Judiciário, tem outros meios. Mas não por Forças Armadas, não vejo que aí está o perigo. Tem tido muita discussão interna nas Forças Armadas. Fui professor de direitos humanos para polícias estaduais. Quando você imaginava discutir direitos humanos com policiais? Quando [...] eles passam a entender que direitos humanos é o direito deles, a coisa começa a mudar. É uma mudança cultural que vai indo e eles veem que estão morrendo.

> **Audálio Dantas** – Também considero remota a possibilidade de golpe militar, porque eles nem saberiam o que fazer no poder. Mas acho que os movimentos conservadores representam um perigo de retrocesso nos avanços que o país teve até agora. E contribuem para setores tradicionalmente aproveitadores, especialmente no Congresso Nacional, que atuam para tirar vantagem. As pessoas que têm as rédeas do Congresso se beneficiam da situação e isso se reflete no processo democrático. O país fica numa situação de paralisia.

Fonte: Fagundez, 2015.

a) Com base nessa reportagem e nas discussões apresentadas neste capítulo, qual deve ser, em sua opinião, a postura do historiador com relação à memória?

b) Entre os argumentos apresentados pelos entrevistados, quais você achou mais relevantes para contrapor o movimento que pede o retorno dos militares ao poder?

Atividade aplicada: prática

1. Entreviste duas pessoas com mais de 60 anos sobre o período da ditadura militar. Elabore questões sobre como era a vida delas, o emprego, as relações familiares, entre outros assuntos. Pergunte-lhes também como se sentiam nas ruas e se os militares interferiam, de algum modo, em sua vida. Em seguida, tabule as informações e contraponha-as às presentes em livros de historiografia sobre o período. Não se prive de fazer sua própria interpretação, mas se lembre de não cometer anacronismo.

Capítulo 4
As novas metodologias
do ensino de história:
experiências práticas

Neste capítulo, apresentamos algumas discussões sobre os métodos de ensino de história, com o objetivo de instrumentalizá-lo com os recursos disponíveis para esse trabalho. Abordamos os temas de forma bastante prática, a fim de mostrarmos a aplicabilidade, em sala de aula, das metodologias propostas, mas sem abandonarmos as discussões teóricas envolvidas no uso dessas ferramentas. Elencamos algumas das subdivisões do gênero *quadrinhos* (histórias em quadrinhos – HQ, tirinhas e charges) e, em seguida, analisamos possibilidades de trabalho com obras de arte.

(4.1)
IMPORTÂNCIA DO GÊNERO *QUADRINHOS* NO ENSINO DE HISTÓRIA

Desde os primórdios, os seres humanos utilizam desenhos como forma de expressão; os homens do período pré-histórico coloriam as paredes das cavernas com desenhos que representavam seu dia a dia e seus anseios. Já no Egito Antigo, por exemplo, a escrita mais usada era baseada em hieróglifos, "unidade ideográfica fundamental do sistema de escrita do antigo Egito, que aparece nas inscrições sobre os monumentos" (Houaiss; Villar, 2009). Esses símbolos tinham a finalidade de representar situações.

As primeiras civilizações levaram certo tempo para transpor os ideogramas e substituí-los por alfabetos fonéticos. Apesar da lentidão, foi nesse processo que ocorreu a transição da comunicação predominantemente visual para a oral.

Você pode perceber facilmente a importância dos desenhos. Provavelmente, você já passou por situações em que professores ou, até mesmo, psicólogos lhe pediram para representar, por meio de desenhos, o que estava sentindo ou como foram suas férias, por exemplo. A linguagem visual, portanto, como forma de expressão do que vivemos e sentimos, faz parte de nossa vida.

Tendo todo esse panorama cultural em consideração, nas seções a seguir, discutimos algumas possibilidades do uso do gênero *quadrinhos* – composto, entre outros subgêneros, pelas histórias em quadrinhos (HQs), charges e tirinhas – no ensino de história.

4.1.1 Histórias em quadrinhos

Quando os jornais se popularizaram, no final do século XIX, as HQs ficaram imensamente conhecidas no mundo inteiro. No princípio, elas eram feitas para divertir os leitores e satirizar determinados contextos sociais e políticos. Já na virada do século XX para o XXI, podemos constatar não só o aumento da publicação dessas histórias como a frequente adaptação de clássicos da literatura para essa linguagem.

Entretanto, no âmbito educacional, esse gênero passou por maus bocados. Durante boa parte do século XX, pais e educadores foram reticentes ao uso desse tipo de publicação nas escolas. Segundo Vergueiro (2009), a leitura de HQs por crianças e adolescentes sofria preconceito em decorrência de reflexões feitas pelo psiquiatra Fredric Wertham, nos Estados Unidos, na década de 1950. De acordo com o pesquisador alemão, o consumo de HQs produzia anomalias nos jovens; por exemplo, os leitores de *Batman* poderiam se tornar homossexuais, pois a história retrata dois homens que vivem juntos, e os fãs do *Superman* poderiam amarrar uma toalha nas costas e pular das janelas de seus apartamentos. Enfim, toda uma geração de pais e educadores foi levada a crer que a quantidade de malefícios trazidos pelo gênero textual era enorme; portanto, ler essas histórias era um sinal de subversão (Vergueiro, 2009).

Em síntese, os quadrinhos eram considerados uma antítese da cultura letrada, visto que poderiam causar sérios prejuízos psicológicos e educacionais aos jovens (Vergueiro, 2009). Esse cenário começou a se modificar na Europa na década de 1970, quando a circulação de HQs atingiu altos níveis entre os jovens. Esse contexto foi precedido pelo Movimento de Maio de 1968, na França, grande onda de protestos iniciada por manifestações estudantis com vistas a reformas no setor educacional.

Professores e especialistas da área de educação intensificaram suas reflexões e, anos depois, as HQs foram introduzidas nos materiais didáticos. À medida que essa linguagem se tornava mais presente no ambiente escolar, o processo de resistência das décadas anteriores começava a ruir.

> Atualmente, é ponto comum que as HQs, além de entretenimento, são um bem cultural passível de ser usado como instrumento pedagógico. Vale ressaltarmos que, na sala de aula, não devem ser vistas como um fim em si mesmas, tampouco como um material adicional para confirmar a narrativa do professor. Elas devem ser utilizadas como instrumentos – tanto quanto a música, o cinema ou o jornal – para produzir reflexões sobre determinado tema.

Não podemos desprezar o fato de que vivermos em uma sociedade da imagem. Portanto, saber interpretar HQs é uma habilidade exigida de todos. No Exame Nacional do Ensino Médio (Enem), por exemplo, a resolução de várias questões depende da leitura de imagens. Nesse sentido, ao abordar as publicações citadas em suas aulas, o professor de História estará contribuindo para a alfabetização dos alunos no que se refere ao entendimento desse tipo de mensagem.

Exemplos práticos do uso de HQs no ensino de história

Para Will Eisner, grande cartunista do século XX, as HQs são uma arte sequencial na qual a conexão entre imagem e texto cria uma mensagem a ser decodificada. Além disso, são um produto da indústria cultural; portanto, não podemos desprezar o fato de seus autores e seus editores serem fruto do contexto histórico da época da produção desse gênero textual (Rama et al., 2014).

O professor precisa observar atentamente o material que está utilizando em sala, o qual pode ser considerado mais que uma ferramenta metodológica: ele pode ser encarado como uma fonte histórica, caso sua produção se dê justamente no contexto que está sendo trabalhado.

Sobre essas especificidades da HQ, citamos a publicação a seguir, uma releitura da obra *Casa grande & senzala*, de Gilberto Freyre.

Fonte: Freyre, 2000.

Como já mencionamos, a obra de Gilberto Freyre é considerada um clássico da historiografia brasileira. Sua leitura sobre o passado colonial açucareiro guarda grandes riquezas, apesar de algumas de suas conclusões – como a de que a escravidão no Brasil foi branda – serem refutadas pelos historiadores atuais. A adaptação de *Casa grande & senzala* para os quadrinhos torna essa importante obra acessível a um público mais jovem.

No trecho selecionado, aparecem práticas cotidianas e religiosos abençoando o trabalho e o maquinário, cena que proporciona o desenvolvimento de discussões acerca da religiosidade colonial. Esse tema viabiliza a reflexão sobre uma questão sempre presente em sala de aula quando o tema é o Brasil Colonial: A Igreja e os religiosos não eram contra a escravização das populações negra e indígena? Essa pergunta é uma grande oportunidade para que o professor esclareça o papel da Igreja Católica, durante a Idade Moderna, na defesa da escravização. Diversos bispos, como Azeredo Coutinho, escreveram tratados em que percebiam o tráfico de escravos como uma possibilidade de resgate dos africanos. Muitos entendiam a escravização como a "grande possibilidade de conversão ao cristianismo das populações africanas" (Alves, 2010, p. 15). Além disso, religiosos frequentemente usavam a história de Cã, filho de Noé que fora amaldiçoado pelo pai a servir seus irmãos, como justificativa da escravização dos africanos, supostos descendentes daquele.

Outro assunto que esse trecho da HQ permite trabalhar é o patriarcalismo colonial. No primeiro quadro, não consta nenhuma mulher sentada à mesa, que é ocupada exclusivamente por homens adultos. No segundo quadro, em sinal de deferência, um negro beija a mão do senhor de engenho, pedindo sua bênção.

A questão do patriarcalismo deve ser utilizada pelo professor de modo a suscitar discussões em sala que permitam paralelos com os séculos XX e XXI. Todo o processo de luta feminina pela igualdade de direitos e oportunidades deve ser trazido à tona, e o panorama atual deve ser trabalhado para evidenciar o que ainda precisa ser feito para se assegurar uma sociedade mais justa. É importante que o educador ressalte as discrepâncias salariais entre homens e mulheres; o maior tempo que estas últimas dedicam ao trabalho doméstico em comparação aos homens; e a ineficiência do Poder Público e da Lei Maria da Penha para garantir segurança às mulheres que são vítimas de violência. É uma ótima oportunidade para mostrar aos alunos como os contextos sociais são construídos historicamente e que, uma vez que somos sujeitos históricos, podemos atuar para proporcionar um futuro mais promissor às mulheres.

Outro tema que pode ser debatido em sala é a escravização africana: as características da escravização doméstica e da agrária; as duras condições de trabalho dos trabalhadores rurais; as vestimentas dos escravizados (nenhum deles usava calçado, por exemplo). Furtado (2007) aponta que, no período colonial, a expectativa de vida de um africano que trabalhava em um engenho de açúcar era de aproximadamente 8 anos. Expectativas tão baixas eram consequentes das árduas condições de trabalho, das jornadas extenuantes, da alimentação deficitária, dos castigos físicos, entre outros fatores.

Certamente, a escravização africana e indígena é uma das raízes da desigualdade social brasileira atual. É comum as pessoas atribuírem essa culpa a estrangeiros – norte-americanos ou ingleses –, porém a maior responsabilidade pelos males sociais no Brasil é da elite e da coletividade do país; afinal, somos responsáveis pelas escolhas que historicamente forjamos.

Nas duas seções a seguir, oferecemos algumas sugestões de trabalho com as tirinhas e as charges.

4.1.2 TIRINHAS

Uso das tirinhas nas análises históricas em sala de aula

A tirinha é um gênero textual que tem, geralmente, três ou quatro quadros na horizontal. Muito presente nos jornais de grande circulação, ela pode ser visual e verbal ou somente visual.

Vamos iniciar com o *viking* Hagar, o Horrível, personagem criado por Dik Browne. Após a morte de Dik, os quadrinhos passaram a ser produzidos por seu filho Chris Browne. Embora pertença ao grupo vulgarmente conhecido como *bárbaros*, Hagar não foi criado na época desse grupo, mas sim no século XX. Trata-se, portanto, de um personagem ficcional, sem nenhum compromisso com a historiografia. Esse é um dado relevante, que exigirá do professor cautela na hora de fazer suas escolhas.

De acordo com a historiografia, a partir do século III d.C., grupos bárbaros começaram a adentrar o território romano, que, nessa época, já se vias às voltas de um processo de enfraquecimento e crise. Dificuldades econômicas causadas pela diminuição das guerras de conquista – com a consequente redução de receitas adquiridas por meio de saques, impostos e escravização de grupos derrotados – tornaram as fronteiras romanas mais frágeis, e outros grupos, chamados pelos romanos de *bárbaros*, começaram a dominar setores do império.

Dois motivos levaram esses grupos a se dirigirem para o território romano:

1. crescimento demográfico, o que demandou novas terras para manterem seu estilo de vida agropastoril;
2. pressão decorrente do avanço dos hunos, vindos do Oriente.

Os romanos, herdeiros da tradição clássica grega, entendiam sua cultura como superior a todas as outras do mundo antigo e, desse modo, classificavam os demais grupos como *bárbaros*. É válido apontarmos que o termo tem como antônimo a palavra *civilizado*. Para os romanos, portanto, todos aqueles que não professavam suas crenças, falavam seu idioma e reproduziam seus padrões culturais recebiam o rótulo preconceituoso citado, sendo, muitas vezes, considerados incivilizados.

Leia a tirinha a seguir, de Hagar, o Horrível.

Fonte: Browne, 2014, p. 74.

Essa tira permite ao leitor a percepção de que as noções de civilização e de barbárie são, muitas vezes, utilizadas de forma maniqueísta. Com base nela, além de discussões sobre a dinâmica final do Império Romano do Ocidente e sobre as relações entre os romanos e seus vizinhos, o professor pode propor aos alunos um interessante exercício sobre alteridade – a simples prática de nos colocarmos no lugar do outro possibilita uma ampliação dos horizontes.

A tirinha em questão pode embasar diversas discussões, ou seja, não está restrita a estudos sobre o Império Romano. Ela pode ser utilizada para que o educador proponha uma reflexão sobre as atuais relações entre o Ocidente e o Oriente, questões de gênero, conflitos regionais, relações religiosas etc., enfatizando a necessidade de se respeitar a cultura do outro.

4.1.3 CHARGE

Charge é a "representação pictórica, de caráter burlesco e caricatural, em que se satiriza um fato específico, em geral de caráter político e que é do conhecimento público" (Ferreira, 2010, p. 451). O desenhista busca lançar seu olhar sobre temas políticos, sociais e econômicos do contexto em que vive. É, portanto, um observador que se posiciona diante dos dilemas de seu tempo. Unindo arte e crítica, revela, de forma irreverente, aspectos do passado.

A charge pode ter diferentes objetivos, como protestar, ironizar e revelar aos receptores da obra aspectos ignorados pelo grande público. Em virtude de suas peculiaridades, podemos afirmar que ela é motivada por temas conjunturais; desse modo, seu uso em sala de aula depende da mediação do professor. Esse valioso instrumento possibilita a imersão do leitor no contexto de sua criação, revelando aspectos da sociedade que a produziu e do tempo em que isso aconteceu. Se puder, leia o jornal do dia de hoje; você perceberá que ele é recheado de charges a respeito dos temas do momento.

Nos dias atuais, graças à internet, podemos encontrar facilmente charges recentes e também antigas. Dessa forma, o professor que dispuser, em sala de aula, de computador e projetor, poderá elaborar aulas cada vez mais estimulantes e criativas.

A utilização da charge como fonte histórica

Leia, a seguir, a charge de Hagar, o Viking, em uma ação de pilhagem.

Fonte: Folha de S.Paulo, 2014.

Nessa charge, um grupo bárbaro tenta saquear um castelo, porém, de acordo com o rei, o governo, ao determinar o pagamento de tantos tributos, já o havia roubado. Ela permite uma discussão sobre o contexto de formação dos Estados Nacionais Europeus entre os séculos XIV e XVI.

Na Idade Média, os reis eram relativamente fracos e incapazes de proteger as fronteiras de seus territórios. Para assegurar sua defesa, formularam uma aliança com a nobreza, que previa a concessão de terras em troca de lealdade e ajuda militar. Era o pacto de suserania e vassalagem, previsto nos contratos de enfeudação. Aplicado após o fim do Império Romano do Ocidente, esse modelo forjou uma Europa fragmentada e com grande descentralização administrativa.

A partir do século XI, com o surgimento da burguesia, o rei e essa nova classe iniciaram uma aliança. O intuito era garantir algumas facilidades aos comerciantes para que, em troca, eles auxiliassem o rei a se livrar da dependência da nobreza. Assim, o rei adquiriu três monopólios, que aumentaram seu poder de forma proporcional ao esvaziamento da nobreza: monopólio da cobrança de impostos;

monopólio do uso da força por meio dos exércitos reais; e monopólio da elaboração e aplicação das leis.

Desse modo, a nobreza perdeu seu lugar de grande cobradora dos impostos feudais; abandonou a espada e tornou-se uma classe ociosa, que, muitas vezes, vivia nas cortes palacianas; e, por fim, perdeu o direito de elaborar e aplicar leis em suas propriedades. Por meio da charge de Hagar, o Viking, o educador pode discutir esses pontos com os alunos.

Perceba que essa charge demonstra como, em um momento de transição, os jovens Estados Nacionais ainda não eram capazes de garantir a segurança e a propriedade. Com base nisso, o professor, em sala de aula, pode estabelecer um paralelo com o mundo atual, na medida em que os cidadãos, mesmo pagando impostos – os quais devem ser destinados também ao provimento de forças de segurança pública –, sofrem com a violência e o desrespeito à propriedade privada.

Convém destacarmos que algumas charges são fruto de um contexto histórico e, portanto, fontes históricas; assim sendo, podem nos oferecer mais pistas sobre o passado estudado.

Trazemos outras propostas, como a do desenho satírico a seguir, feito por Jacques-Louis David, considerado o artista da Revolução Francesa.

DAVID, J.-L. **The English Government**. 1794. 1 gravura colorida, 24,80 × 39,20 cm. Biblioteca Nacional da França, Paris.

Segundo o historiador britânico Simon Schama (2010), David inventou a moderna propaganda visual. O pintor achava que a arte seria capaz de criar uma comunidade virtuosa. Em obras como *O juramento do jogo de pela* e *Marat assassinado*, buscava retratar heróis e oprimidos para mostrar a uma sociedade composta, em sua esmagadora maioria, de analfabetos as virtudes necessárias para a vida política.

David também retratava "vilões", sempre de uma maneira que fossem compreendidos pelos iletrados. A charge *O governo inglês* é uma sátira contra a monarquia inglesa. A Coroa é representada por um demônio que tem, nas nádegas, a figura do rei, que vomita sobre a população um conjunto de impostos, os quais oprimem os mais pobres e impedem o livre desenvolvimento da burguesia. É, portanto, uma crítica ao modelo de Estado conduzido por monarcas, que se utilizaram do absolutismo para impor sacrifícios à população, que, com dificuldades, sustentava os luxos de uma classe privilegiada.

Nessa charge, você também pode observar a intenção do autor de associar as insígnias reais ao imaginário do inferno. A coroa, grande símbolo real, está sob a cabeça do demônio – uma tentativa de inversão dos valores da época, como a teoria do direito divino. Além disso, o cetro, outro símbolo da realeza, é complementado pelo tridente, instrumento associado a Lúcifer. Para completar, monarca e demônio ocupam o mesmo corpo, cabendo ao rei a incômoda posição de habitar as nádegas, sendo sua boca o ânus da criatura. Desse modo, David busca produzir no imaginário da sociedade uma clara indissociabilidade entre o poder real e o mal.

Na charge a seguir, aborda-se, de forma satírica, a construção da imagem pública do Rei Luís XIV, ícone do absolutismo francês.

THACKERAY, W. M. Ilustração satírica de Luís XIV.
In: **Meditations at Versailles**, 1840.

Para finalizar esta seção, apresentamos uma charge publicada após as eleições presidenciais de 1930 no Brasil. Getúlio Vargas não venceu as eleições e, acusando seu opositor – Júlio Prestes – de manipulação das urnas e envolvimento na morte de João Pessoa, tomou o poder sem ter sido oficialmente eleito para o cargo.

A PLATÉA. São Paulo, p. 1, 1º nov. 1930. Acervo do Arquivo Público do Estado de São Paulo.

Essa charge foi extraída do Arquivo Público do Estado de São Paulo. Desse modo, novamente ressaltamos a importância do acesso a *sites* diversos em busca desse tipo de material, pois vários arquivos e bibliotecas digitalizaram boa parte de seus acervos.

De acordo com nossa experiência, corroboramos a importância de o professor criar, em seu computador, um repositório de arquivos para preparar suas aulas, sempre tomando o cuidado de registrar o *site* em que os localizou e a data de acesso. Uma ideia para aprofundar o estudo do gênero *quadrinhos* é propor aos alunos que, por meio da produção de textos narrativos, descrevam o contexto da época em que a charge foi criada.

(4.2) OBRAS DE ARTE COMO REPRESENTAÇÃO

A arte é uma manifestação da cultura humana. Ao levar esse tipo de recurso para a sala de aula, o objetivo do educador deve ser, sobretudo, permitir aos alunos uma experiência que dificilmente vivenciariam em outro lugar. Por isso, sempre que possível, o professor deve procurar informações sobre as grandes escolas artísticas e suas principais obras.

Alguns cuidados metodológicos são essenciais para o bom trabalho com as obras de arte. O primeiro – e principal, em nossa opinião – é o axioma de que as imagens não são o real, mas uma representação dele elaborada com base em valores e pontos de vista do artista. Para analisar essa situação, observe a pintura apresentada a seguir.

MEIRELLES, V. **Primeira missa no Brasil**. 1860. 1 óleo sobre tela: color.; 270 × 357 cm. Museu Nacional de Belas Artes, Rio de Janeiro.

Victor Meirelles compôs essa imagem, sobre a chegada dos portugueses ao Brasil, no século XIX. Autor e fato estão distanciados por mais de 300 anos; portanto, a obra é claramente uma representação idealizada pelo autor de como teria ocorrido um evento narrado em fontes escritas.

Outro exemplo interessante são as imagens clássicas de Tiradentes, elaboradas, em sua maioria, em fins do século XIX e início do XX, quando o Brasil vivia seus primeiros anos de regime republicano. A construção de Tiradentes como um herói da resistência à opressão portuguesa fazia parte das intenções dos ideólogos do novo regime, os quais buscavam legitimá-lo à medida que desqualificavam o regime monárquico anterior.

AMÉRICO, P. **Tiradentes esquartejado**. 1893. 1 óleo sobre tela: color.; 270 × 165 cm. Museu Mariano Procópio, Juiz de Fora.

Essa obra foi produzida mais de 100 anos após a execução de Tiradentes. Há uma intenção clara do autor de criar um mito heroico, na medida em que aproxima o mineiro conspirador a Jesus Cristo.

Vale comentarmos que ambas as pinturas apresentadas foram realizadas por artistas que viveram em tempos diferentes daqueles representados por eles nas telas.

No entanto, há muitos artistas que buscam representar algum aspecto de sua própria sociedade. Contudo, mesmo nesses casos, devemos entender a tela como uma representação, e não como a imagem do real. Observe a pintura apresentada a seguir.

DROLLING, M. **Esmola para os pobres**. [179-]. 1 óleo sobre painel: color.; 34 × 28 cm. Coleção particular.

Nessa obra, pintada na década de 1790, Drolling representou uma cena de Paris no contexto da Revolução Francesa. Segundo o historiador Daniel Roche (2004), em 1789 – ano da revolução –, havia em Paris um total de 25 mil moradias para cerca de 750 mil habitantes, ou seja, uma casa para cada 30 pessoas. Esse dado nos permite inferir o déficit habitacional e a grande proliferação da pobreza no contexto revolucionário.

Na cena retratada, vemos uma mãe com uma criança de pouca idade pedindo esmolas a um sujeito aparentemente também de poucas posses. Segundo Roche (2004), as paredes das residências humildes eram frias e úmidas, havia desordem na disposição das mobílias e a entrada de luz era pequena. Em razão da escassez de residências, os aluguéis eram caros; por isso, muitas pessoas acabavam vivendo em abrigos temporários, até que o próximo despejo ocorresse.

(4.3)
JORNAIS EM SALA DE AULA

Nesta seção, abordamos a utilização de notícias e colunas de jornais (impressos ou digitais) em sala de aula – uma estratégia de estreitamento dos laços entre a escola e a sociedade.

Os conteúdos abordados em sala de aula são, em geral, oriundos do conhecimento historicamente acumulado. Desse modo, é necessário que o professor estabeleça um diálogo entre a atualidade e o histórico humano, e a disciplina de História tem condições de assumir boa parte dessa responsabilidade.

A grande motivação das pesquisas históricas é compreender o presente do pesquisador. O historiador, portanto, parte de situações de sua realidade para investigar o passado. Ao levar para a sala de aula notícias atuais, estimulando os alunos a estabelecerem a origem dos fatos analisados, o professor contribuirá para a formulação do conhecimento histórico dos estudantes, bem como seu pensamento crítico e sua capacidade de relacionar o presente ao passado. Neste momento do texto, apontamos algumas possibilidades práticas de utilização de notícias em sala de aula. A matéria a seguir, publicada no jornal *Folha de S.Paulo*, em 18 de abril de 2014, trata de uma greve de policiais no estado da Bahia.

Após 52 assassinatos em dois dias, PM da Bahia encerra greve

Policiais militares e governo fazem acordo, mas tropas federais ficarão no Estado até a situação se normalizar

Policiais militares da Bahia encerraram ontem (17/04/2014) a greve da categoria, após quase dois dias de paralisação. A greve foi acompanhada por uma explosão da violência na Grande Salvador, a região mais afetada. Houve saques e ao menos 52 pessoas foram assassinadas em 46 horas, mais de uma por hora. A média diária na região metropolitana de Salvador é de cinco casos. A população sofreu com transtornos: ônibus deixaram de circular, lojas fecharam e eventos foram cancelados. [...] A greve deste ano foi marcada pela rapidez na ação do governo federal, que diz ter enviado cerca de 6.000 homens do Exército e da Força Nacional ao Estado.

João Pedro Pitombo/FOLHAPRESS

Fonte: Pitombo, 2014.

O jornalista João Pedro Pitombo relata as dificuldades que o estado da Bahia enfrentou durante a greve de policiais em abril de 2014. Essa pode ser uma excelente oportunidade para que o professor trabalhe, no 7º ano do ensino fundamental ou no 2º ano do ensino médio, o pensamento de Thomas Hobbes. A matéria aponta para a necessidade de um Estado forte e capaz de criar leis, bem como de um aparato de segurança para garantir o cumprimento delas. Para

Hobbes (1974), "o homem é o lobo do homem", ou seja, é preciso um Estado forte para proteger os homens de sua própria natureza violenta. Uma greve de policiais e o consequente aumento do número de crimes é um bom pano de fundo para se discutirem as ideias de Hobbes e do Estado absolutista.

Essa proposta vai ao encontro de um dos temas curriculares de História – o Estado absolutista e o pensamento dos teóricos. Porém, o trabalho do professor vai muito além de ensinar o que consta no currículo. Esse profissional é valorizado por sua capacidade de ler o mundo, desenvolvida em função do acesso privilegiado ao conjunto de experiências humanas que o estudo da história lhe concede.

Nesse sentido, uma das grandes missões do professor historiador é desmistificar o senso comum de que a imprensa transmite uma verdade objetiva. Nem mesmo a história é capaz de fazê-lo, na medida em que é formulada com base em interpretações parciais, trazendo em seu bojo muito da visão de mundo do próprio pesquisador.

As diferentes opiniões sobre determinado tema ou situação devem ser exploradas pelo professor durante as aulas, para relativizar a "verdade" contida nos discursos. Apresentamos, a seguir, um exemplo prático dessa temática, o qual pode ser trabalhado com os alunos do ensino médio.

No início de 2013, houve uma discussão entre o Bispo Tomás Balduino e a Senadora Kátia Abreu. Leia a coluna escrita por Balduino e publicada no jornal *Folha de S.Paulo*, no dia 23 de janeiro do mesmo ano.

Tomás Balduino: Apreensão no campo

Lideranças camponesas e indígenas estão apreensivas com o poder da senadora por sua atuação na demarcação de terras no Brasil

Eis o quadro: o pequeno agricultor Juarez Vieira foi despejado de sua terra, em 2002, no município tocantinense de Campos Lindos, por 15 policiais em manutenção de posse acionada por Kátia Abreu. Juarez desfilou, sob a mira dos militares, com sua mulher e seus dez filhos, em direção à periferia de alguma cidade.

O caso acima não é isolado. O governador Siqueira Campos decretou de "utilidade pública", em 1996, uma área de 105 mil hectares em Campos Lindos. Logo em 1999, uns fazendeiros foram aí contemplados com áreas de 1,2 mil hectares, por R$ 8 o hectare. A lista dos felizardos fora preparada pela Federação da Agricultura e Pecuária do Estado do Tocantins, presidida por Kátia Abreu (PSD-TO), então deputada federal pelo ex-PFL.

O irmão dela Luiz Alfredo Abreu conseguiu uma área do mesmo tamanho. Emiliano Botelho, presidente da Companhia de Promoção Agrícola, ficou com 1,7 mil hectares. Juarez não foi o único injustiçado. Do outro lado da cerca, ficaram várias famílias expulsas das terras por elas ocupadas e trabalhadas havia 40 anos. Uma descarada grilagem!

Campos Lindos, antes realmente lindos, viraram uma triste monocultura de soja, com total destruição do cerrado para o enriquecimento de uma pequena minoria. No Mapa da Pobreza e Desigualdade divulgado em 2007, o município apareceu como o mais pobre do país. Segundo o IBGE, 84% da população viviam na pobreza, dos quais 62,4% em estado de indigência.

Outro irmão da senadora Kátia Abreu, André Luiz Abreu, teve sua empresa envolvida na exploração de trabalho escravo. A Superintendência Regional de Trabalho e Emprego do Tocantins libertou, em áreas de eucaliptais e carvoarias de propriedade dele, 56 pessoas vivendo em condições degradantes, no trabalho exaustivo e na servidão por dívida.

André Luiz Cavazzani | Rogério Pereira da Cunha

> Com os povos indígenas do Brasil, Kátia Abreu, senadora pelo Estado do Tocantins e presidente da CNA (Confederação da Agricultura e Pecuária do Brasil), tem tido uma raivosa e nefasta atuação.
>
> Com efeito, ela vem agindo junto ao governo federal para garantir que as condicionantes impostas pelo Supremo no julgamento da demarcação da área indígena Raposa Serra do Sol sejam estendidas, de qualquer forma, aos demais procedimentos demarcatórios.
>
> Com a bancada ruralista, ela pressionou a Advocacia-Geral da União (AGU), especialmente o ministro Luís Inácio Adams. Prova disso foi a audiência na AGU, em novembro de 2011, na qual entregou, ao lado do senador Waldemir Moka (PMDB-MS), documento propondo a criação de norma sobre a demarcação de terras indígenas em todo o país.
>
> O ministro Luís Adams se deixou levar e assinou a desastrosa portaria nº 303, de 16/7/12. Kátia Abreu, ao tomar conhecimento desse ato, desabafou exultante: "Com a nova portaria, o ministro Luís Adams mostrou sensibilidade e elevou o campo brasileiro a um novo patamar de segurança jurídica".
>
> Até mesmo com relação à terra de posse imemorial do povo xavante de Marãiwatsédé, ao norte do Mato Grosso, que ganhou em todas as instâncias do Judiciário o reconhecimento de que são terras indígenas, Kátia Abreu assinou nota, como presidente da CNA, xingando os índios de "invasores".
>
> Concluindo, as lideranças camponesas e indígenas estão muito apreensivas com o estranho poder econômico, político, classista, concentracionista e cruel detido por essa mulher que, segundo dizem, está para ser ministra de Dilma Rousseff. E se perguntam: "Não é isso o Poder do Mal?" No Evangelho, Jesus ensinou aos discípulos a enfrentar o Poder do Mal, recomendando-lhes: "Esta espécie de Poder só se enfrenta pela oração e pelo jejum" (Cf. Mt 17, 21).

Tomás Balduino/FOLHAPRESS

Fonte: Balduino, 2013.

Nessa coluna, o bispo traz uma série de informações com o objetivo principal de denunciar supostos desmandos por parte da Senadora Kátia Abreu, de seus familiares e de demais integrantes do bloco ruralista. Entretanto, dois dias depois, ela publicou uma coluna no mesmo jornal contra-argumentando Balduino.

Kátia Abreu: Não darás falso testemunho

Li, com surpresa, nesta **Folha**, um texto rancoroso e eivado de fúria acusatória e caluniosa ("Apreensão no campo"), assinado pelo bispo emérito de Goiás Velho, dom Tomás Balduino, atribuindo-me pecados que não cometi.

Como católica praticante, jamais imaginei um dia polemizar com um representante da mais alta hierarquia da fé que professo. Mas a fé que professo não parece ser a mesma que a dele. As palavras que me dirigiu não foram de um cristão.

Minha fé não é a do ódio revolucionário, que incita o conflito e trata como pecadores os que dele divergem ideologicamente. É a fé que o papa Bento 16, em seu livro "Jesus de Nazaré, da Entrada em Jerusalém à Ressurreição", proclama como sendo a da paz.

"A violência", diz o papa, "não instaura o Reino de Deus, o Reino da Humanidade. É, ao contrário, instrumento preferido do Anticristo. Mesmo com motivação religiosa idealista, ela não serve à humanidade, mas à inumanidade".

Não há mistura mais letal que a da política com a religião. O fundamentalismo é, em si, antirreligioso. Os católicos da Irlanda, em nome de sua fé – que seguramente não é a de Cristo –, usaram o terrorismo e o sangue de inocentes como arma política, em nome de Alguém que resumiu sua doutrina numa frase: "Amai-vos uns aos outros".

Minha mais remota lembrança de dom Tomás é diametralmente oposta ao espírito de seu artigo. Remonta a um tempo anterior à criação do meu Tocantins, então integrado a Goiás.

Ele, ainda padre, ensinava, num Sermão das Sete Palavras, na Sexta-Feira da Paixão, que Jesus, ao pedir ao Pai que perdoasse seus algozes, "pois não sabiam o que faziam", mostrava a importância de interceder não só pelos amigos, mas sobretudo pelos inimigos.

Ao que parece, algo mudou na transição de padre Tomás para o bispo dom Balduino. Invoco, pois, o espírito cristão do padre para responder ao bispo, com absoluta serenidade, as imputações que me faz – a mim e a meus irmãos Luiz Alfredo e André Luiz. Mesmo perdoando-o desde já, cumpro o dever de desmenti-lo.

André Luiz Cavazzani | Rogério Pereira da Cunha

> Não é verdade, dom Balduino, que tenha perseguido, despejado e feito perseguir "por 15 policiais armados" um pequeno agricultor em Campos Lindos, Tocantins. Tratava-se do grileiro Juarez Vieira, cuja crônica de violências e maldades qualquer morador da região atestará. Obtive na Justiça reintegração de posse de terra de minha propriedade legítima.
> Não é verdade também que a tenha recebido de "mão beijada". Adquiri-a em moeda corrente e a preço justo, como os demais fazendeiros. Era área inóspita e desabitada; hoje, é a internacionalmente conhecida região do Mapito, referência de produtividade em soja, milho e algodão, com infraestrutura bancada pelos produtores pioneiros.
> Outra injúria atinge meus dois irmãos. O bispo acusa Luiz Alfredo de grilagem e André Luiz, de promover trabalho escravo. Mas Alfredo adquiriu com recursos próprios as terras que possui, devidamente documentadas. E André jamais foi proprietário da fazenda citada pelo bispo.
> Apenas alugou dois tratores, sem os tratoristas, para o proprietário, nada tendo a ver com as denúncias, que não o envolveram. É, inclusive, funcionário do Ministério Público do Trabalho, onde jamais foi questionado.
> Esclareço também que não sou responsável pela decisão da Advocacia-Geral da União de estender as condicionantes da demarcação de Raposa Serra do Sol às demais terras indígenas. Foi o Supremo Tribunal Federal que assim o determinou.
> Sem seu grau de santidade e sabedoria, não lhe devolvo as insolências. E se for o caso de terminar com uma citação, tomo, com respeito, a palavra do Senhor, no Antigo Testamento: "Não darás falso testemunho contra o seu próximo" (Êxodo, 20, 16).

Kátia Abreu/FOLHAPRESS

Fonte: Abreu, 2013.

Em seu texto, a senadora rebate as acusações do bispo, acusando-o de caluniador, e critica o envolvimento de membros da Igreja em assuntos políticos. Mas qual seria a verdade? Existe uma verdade objetiva ou trata-se de subjetividades construídas a partir de diferentes visões de mundo? Seria Juarez Vieira um pobre agricultor retirado à força das terras que cultivava há décadas ou um temível grileiro que agia com violência na região?

Nesse debate, o professor e os alunos têm acesso às duas visões, para que, com base nelas, possam ponderar seus posicionamentos;

todavia, nem sempre se conhecem todos os pontos de vista. Por isso, é importante que o educador sempre incentive os alunos a analisarem os discursos e compreenderem as motivações e os posicionamentos de seus autores.

No caso há pouco descrito, Abreu é ligada à corrente ruralista. Defensora do agronegócio, mantém bons indicadores na balança comercial e promove dividendos para que o Brasil possa assegurar investimentos em infraestrutura e programas sociais. Por outro lado, Balduino é membro da Igreja, com forte inserção nos problemas do campo relacionados à grilagem e ao trabalho escravo. São caras a ele as injustiças do campo, em que famílias inteiras são forçadas a se deslocarem em direção às cidades para ocuparem suas periferias.

Por meio de atividades envolvendo situações como a apresentada, o professor historiador pode mostrar aos alunos que o mundo é bastante complexo e que alternativas simplistas e ideológicas estão longe de resolver, efetivamente, os problemas estruturais. Portanto, o educador deve sempre ponderar as opiniões antes de assumir alguma delas como verdade.

Síntese

Neste capítulo, exemplificamos diversas formas de utilização do gênero *quadrinhos* (composto, entre outros subgêneros, de HQs, tirinhas e charges), de obras de arte e de jornais nas aulas de História. Explicamos que as HQs, após certa resistência dos meios letrados, se tornaram, a partir da década de 1970, um instrumento pedagógico. Além de serem ótimos recursos em sala de aula, essas histórias são, atualmente, bastante disseminadas nos materiais didáticos, na medida em que estimulam a criatividade dos alunos e auxiliam na aquisição da habilidade de ler imagens. As charges e as tirinhas também são recursos pedagógicos interessantes; sua leitura pode treinar o olhar dos alunos para esse tipo de linguagem, tão presente no dia a dia.

Na sequência, destacamos que as obras de arte não são um retrato do real, mas uma representação da realidade concebida pelo artista. Dessa maneira, os produtos visuais, sejam do gênero *quadrinhos*, sejam obras de arte, devem ser problematizados durante seu uso, tanto nas aulas quanto nos materiais didáticos. Assim como existem artistas que pintam sua própria realidade, há aqueles que representam tempos anteriores aos vividos por eles e, para isso, utilizam-se de convicções pessoais obtidas por meio de experiências de vida e culturais.

Por fim, abordamos a importância do uso de textos jornalísticos em sala de aula. Um dos principais desafios da educação é vencer o ranço positivista e tornar o conhecimento mais orgânico e relacionado aos dilemas sociais atuais. É evidente que a escola não deve perder sua missão de levar erudição aos alunos. Contudo, é fundamental que essa instituição se atente mais aos problemas do mundo em que está inserida.

Indicações culturais

Sites

No *site* da Biblioteca Nacional da França, você tem acesso a um rico banco de imagens, com várias fontes iconográficas.

BNF – Bibliothèque Nationale de France. Disponível em: <http://www.bnf.fr>. Acesso em: 20 jul. 2017.

O *site* indicado a seguir apresenta um grande acervo de obras de arte, produzidas desde o século XII. Você pode, inclusive, fazer *download* das imagens em alta definição. Além disso, há uma interpretação de cada obra (quadro ou escultura) e uma breve descrição de seu autor.

WEB GALLERY OF ART. Disponível em: <http://www.wga.hu/>. Acesso em: 20 jul. 2017.

Atividades de autoavaliação

1. Leia com atenção o que as historiadoras Maria Auxiliadora Schmidt e Marlene Cainelli escrevem sobre a utilização de fontes iconográficas em sala de aula:

> Ora, como se sabe, as imagens não são o real, mas a representação dele. Portanto, o trabalho com o documento histórico em sala de aula é importante para a desconstrução de determinadas imagens canonizadas a respeito do passado. Do ponto de vista didático, a utilização do documento histórico como prova do real, para legitimar o discurso do professor, trazia como perspectiva metodológica um ensino centrado na figura deste. Era ele quem explorava o documento, descrevendo seus elementos e suas características com a finalidade de comprovar o que ensinava ao aluno.

Fonte: Schmidt; Cainelli, 2004, p. 92.

Assinale a alternativa que melhor traduz as intenções das autoras:

a) O professor, como autoridade intelectual na sala de aula, tem o dever de selecionar imagens fiéis ao contexto histórico abordado. Cabe a ele, como detentor do saber histórico, transmitir aos alunos a correta interpretação da imagem selecionada.

b) O professor deve utilizar exercícios práticos de análise de imagens para estimular em seus alunos a interpretação crítica, deixando-os livres para se posicionarem e levantarem questionamentos que problematizem a obra.

c) As imagens prestam um desserviço ao ensino de história, já que, por questões intrínsecas, são incapazes de demonstrar o real, sendo apenas uma representação dele. Dessa maneira, o documento escrito deve ser eliminado das aulas de História.

d) Tanto nas aulas de História quanto nos materiais didáticos, deve-se fazer uso de imagens; contudo, para manter o rigor científico, é importante apropriar-se apenas de obras cujos artistas tenham vivido no contexto representado, como Jacques-Louis David.

2. Leia o fragmento a seguir, da historiadora Circe M. F. Bittencourt, sobre a presença dos jornais em sala de aula:

> O importante no uso de textos jornalísticos é considerar a notícia como um discurso que jamais é neutro ou imparcial. A veiculação das notícias e informações, com ou sem análise por parte dos jornalistas, precisa ser aprendida e sua ausência de imparcialidade, para que se possa realizar uma crítica referente aos limites do texto e aos interesses de poder implícitos nele.

Fonte: Bittencourt, 2004, p. 337.

Com base nesse texto e em seus conhecimentos, marque V para as afirmativas verdadeiras e F para as falsas:

( ) Textos jornalísticos objetivos e imparciais podem ser encontrados nos meios digitais.

( ) Por abordarem temas atuais, os textos jornalísticos devem ser utilizados nas disciplinas de Sociologia ou Língua Portuguesa para reforçar aspectos do ensino da língua. Em História, são infrutíferos, visto que não tratam diretamente do passado.

( ) A utilização de jornais nas aulas permite uma maior comunicação dos alunos com os temas contemporâneos. Essa estratégia pode produzir bons resultados no processo educativo.

( ) A imprensa pode ser utilizada como estratégia para aprofundar com os alunos o relativismo da verdade e o papel da subjetividade na construção dos discursos.

Assinale a alternativa que corresponde à sequência correta:

a) F, F, V, F.
b) F, V, V, F.
c) F, F, V, V.
d) V, F, V, V.

3. No que se refere às HQs e às charges, bem como ao uso dessas linguagens em sala de aula, marque V para as afirmativas verdadeiras e F para as falsas:

( ) As HQs se popularizaram no século XIX, em virtude de sua publicação em jornais; no princípio, elas eram proibidas de satirizar ou de abordar determinados contextos sociais e políticos, servindo, portanto, apenas para diversão.

( ) Ao trabalhar com as HQs nas aulas de História, o professor contribuirá para a alfabetização dos alunos no que se refere à leitura de imagens, habilidade exigida no mundo contemporâneo.

( ) Por volta dos anos 1950, a leitura de HQs era considerada subversiva e estava relacionada à antítese da cultura letrada.

( ) As charges não podem ser consideradas fruto do contexto histórico em que são criadas; portanto, embora possam ser usadas em sala de aula, não constituem fontes históricas que oferecem pistas sobre o passado estudado.

( ) As charges são fruto de um contexto histórico, portanto constituem fontes históricas que oferecem pistas sobre o passado estudado. Além disso, permitem-nos estabelecer comparações entre a contemporaneidade e o pretérito.

Assinale a alternativa que corresponde à sequência correta:

a) F, F, V, V, F.
b) F, F, V, F, V.
c) F, V, V, F, V.
d) V, F, V, V, V.

4. Sobre o uso de obras de arte nas aulas de História, assinale a alternativa correta:
   a) É desnecessário abordar em sala o fato de as obras de arte não serem o real, mas representações dele, elaboradas com base em valores e pontos de vista do artista; o importante é apresentar esse tipo de linguagem aos alunos.
   b) É válido lembrar os alunos de que os pintores mais realistas não costumavam idealizar os fatos que registravam. Embora algumas obras tenham sido criadas com mais de 300 anos de intervalo, é possível crer que as cenas estão registradas corretamente.
   c) Embora algumas obras tenham sido criadas com mais de 300 anos de intervalo, é crível que as cenas estão registradas corretamente, ou seja, com base em relatos

históricos, o pintor captou o real sem tendências pessoais ou sociais de seu tempo.

d) É possível trabalhar a arte sob a perspectiva de que o autor buscava representar algum aspecto da sociedade na qual estava inserido. Contudo, ainda que o artista pinte um tema relativo à sua sociedade, é necessário entender a tela como uma representação, e não como a imagem do real.

5. Com relação ao uso de jornais nas aulas de História, assinale a alternativa correta:

   a) O professor deve selecionar uma opinião sobre determinado tema ou situação para revelar a verdade contida nos discursos.

   b) Ao propor o uso desse tipo de material em sala de aula, o professor afasta-se da tendência de ministrar conteúdos descolados das questões atuais. Além disso, consegue infundir nos alunos a capacidade de entenderem as dinâmicas entre o passado e o presente.

   c) O trabalho do professor historiador é mostrar aos alunos que o mundo é bastante simples e que alternativas de problematização que revelem posições diferentes sobre determinadas temáticas são dispensáveis.

   d) Uma das missões do professor historiador é ratificar o senso comum de que a imprensa transmite uma verdade objetiva.

Atividades de aprendizagem

Questão para reflexão

1. O trecho a seguir compõe a introdução de um artigo científico escrito pela pesquisadora Maria Emilia Sardelich sobre a presença das imagens em nossa vida.

> Na vida contemporânea, quase tudo do pouco que sabemos sobre o conhecimento produzido nos chega via Tecnologias da Informação e Comunicação – TIC – que, por sua vez, constroem imagens do mundo. Nômades em nossas próprias casas, capturamos imagens, muitas vezes sem modelo, sem fundo, cópias de cópias, no cruzamento de inúmeras significações. Imagens para deleitar, entreter, vender, que nos dizem o que vestir, comer, aparentar, pensar.
> O crescente interesse pelo visual tem levado historiadoras/es, antropólogas/os, sociólogas/os, educadoras/es a discutirem sobre as imagens e sobre a necessidade de uma alfabetização visual, que se expressa em diferentes designações, como leitura de imagens e cultura visual. Podemos nos perguntar sobre o porquê de uma cultura visual. Essa cultura exclui o não visual e/ou aqueles que são privados desse sentido? A proposta da cultura visual é a mesma da leitura de imagens? Podemos utilizar as duas expressões como sinônimas? Que professor/a pode desenvolver essas atividades no contexto escolar? A cultura visual não será mais uma designação, entre tantas outras, para confundir as/os professoras/es?

Fonte: Sardelich, 2006, p. 452.

a) Com base nos questionamentos feitos nesse texto e nas discussões presentes neste capítulo, argumente por que é cada vez mais importante utilizar e problematizar imagens em sala de aula.

b) Há algum tipo de hierarquia entre as informações transmitidas por textos ou por imagens? Justifique sua resposta.

c) Quais questionamentos são prudentes para a produção de uma boa análise de determinada imagem?

Atividades aplicadas: prática

1. Analise as propostas a seguir. Em seguida, escolha a que mais o agrada e a desenvolva. Durante o processo, coloque-se, sempre que possível, na posição de aluno para mapear em que aspectos a atividade pode ser aperfeiçoada.

    a) Selecione um dos temas políticos, econômicos ou sociais que afligem nossa sociedade atualmente. Produza uma tirinha abordando o problema selecionado de forma irônica e crítica. Se desenhar não é seu forte, elabore um *briefing*, ou seja, uma descrição detalhada de sua ideia, para que um ilustrador a coloque em prática.

    b) Selecione uma notícia atual sobre política, sociedade, cultura ou economia e escreva um breve artigo (no máximo de uma página) sobre a constituição histórica de tal contexto.

2. Pesquise, em *sites* diversos, uma charge antiga e outra contemporânea, ambas associadas a fatos históricos marcantes. Elabore um plano de aula no qual elas sejam utilizadas como suporte para o conteúdo.

Capítulo 5
Trazendo o texto literário
para a sala de aula: limites,
diálogos, tensões

Neste capítulo, indicamos algumas possibilidades de uso da literatura no ensino de história. Por meio de exemplos práticos, tratamos das especificidades desse gênero textual no trabalho em sala de aula.

(5.1)
LITERATURA E HISTÓRIA

As áreas de história e literatura caminharam juntas até o século XVIII. A primeira, aliás, era considerada um gênero literário. Porém, a partir do racionalismo iluminista, ela foi, gradativamente, buscando se fidelizar mais ao real e ter alicerces pautados no cientificismo. Para isso, os historiadores do século XIX passaram a recorrer aos fatos documentados em arquivos.

Contudo, o processo de dissociação entre história e literatura não é tão simples, e esse debate ainda persiste entre a comunidade de pesquisadores. Aquilo que Stone (1988) denomina de *o retorno da narrativa* foi um dos capítulos desse debate, em que o autor chama a atenção para o estilo escolhido por muitos historiadores para divulgar os resultados de suas pesquisas.

O italiano Carlo Ginzburg cunhou o termo *paradigma indiciário*, no qual reconhece que o historiador atua com base em pequenas evidências e fragmentos. Esse modelo age, portanto, preenchendo as lacunas provocadas pela ausência de fontes; esse preenchimento é completamente tributário de sua forma de ver o mundo e de seus valores.

Com essa discussão, Ginzburg (1989a) reconhece a impossibilidade de se produzir um conhecimento da história tal qual ela aconteceu, como desejava Ranke, ou mesmo de se fazer uma história total, como almejava a segunda geração da escola dos Annales, protagonizada por Fernand Braudel. Muito mais: é um reconhecimento de que a **ficcionalidade** faz parte do processo de construção da historiografia. Todavia, não se pode perder de vista que os próprios métodos científicos adotados pela área colocam limites bem circunscritos no raio de ficcionalidade dos historiadores.

Após essa breve discussão entre história e literatura, aconselhamos, do ponto de vista pedagógico, que a literatura esteja sempre presente nas aulas de História. A seguir, apresentamos três tipologias que servirão de exemplo para a utilização dessa estratégia em sala de aula.

5.1.1 LITERATURA DE MEMÓRIA

Entendemos como *literatura de memória* aquela em que o autor se utiliza de sua memória ou da de outrem para escrever sua obra. Abordamos o tema da memória em capítulo anterior, de modo que, neste ponto do texto, focaremos na literatura de memória e em suas potencialidades em sala de aula.

Para tanto, selecionamos uma obra que trata da temática do holocausto, a qual permite discussões sobre direitos humanos e intolerância. O livro *Prisioneiro B-3087* foi escrito por Alan Gratz (2013) com base nos relatos de Jack Gruener, um judeu que, assim como tantos outros, sofreu nas mãos dos alemães.

Leia a descrição a seguir atentamente, no qual é relatada a seguinte situação: o personagem principal – Yanek Gruener, de 10 anos – está, há vários dias, andando com um grupo de prisioneiros judeus. Está frio e todos estão exaustos e mal-alimentados; então, ele começa a ajudar um garoto de sua idade, que, aparentemente, não tem mais forças para continuar sua marcha e, se parar, será morto pelos guardas nazistas. Nessa empreitada, esse personagem vive um dilema: se continuar ajudando o garoto, os dois provavelmente morrerão.

Para piorar, ele perde sua ração de pão no percurso e pondera sobre pegar o pedaço de pão do garoto que está ajudando. Observe o desenrolar da situação:

> Foi meu estômago, mais do que a luz do dia, que me acordou na manhã seguinte. Meu primeiro pensamento foi o pão do garoto, mas o movimento de seu peito indicava que ele não morrera durante a noite. Ele ainda estava vivo! Como era possível? Não só estava vivo como também respirava com menos dificuldade e seu rosto já não estava tão pálido. O sono lhe restaurara as forças para enfrentar um novo dia de marcha [...].
> Eu tremi de raiva e frustração. Ele devia ter morrido! Eu precisava que ele morresse para ficar com o seu pão.
> Fechei os olhos. Em que estava pensando? Não era capaz de roubar o pão de um garoto vivo, mas era capaz de desejar sua morte para poder pegá-lo sem culpa? O que os campos de concentração estavam fazendo comigo? Em que tipo de monstro os nazistas haviam me transformado?
> (Gratz, 2013, p. 130)

A filósofa Hannah Arendt (1999) qualifica o holocausto como uma situação limite em que a humanidade das vítimas foi roubada pelos algozes nazistas. Além de propor um estudo mais aprofundado desse massacre, o professor pode sugerir aos alunos que se coloquem no lugar de Yanek Gruener e descrevam o que sentiram (medo, esperança etc.).

5.1.2 LITERATURA DE CAPTAÇÃO DE CONTEXTO HISTÓRICO

Todo e qualquer autor de literatura é um ser humano de seu tempo. Nesse sentido, suas obras abordam dilemas e contextos que não estão, de todo, descolados da atmosfera do próprio autor.

Vamos tomar como exemplo um dos maiores autores em língua portuguesa: o brasileiro Machado de Assis. Seus textos, escritos nas últimas décadas do século XIX e no início do século XX, brindam-nos com conflitos e dilemas do Brasil dessa época. Temas como monarquia, república, patriarcalismo e escravidão estão presentes em suas obras. Leia um fragmento do livro *Esaú e Jacó*:

> *Ao acordar de manhã não soube logo o que houvera na cidade, mas pouco a pouco vieram vindo as notícias, viu passar um batalhão, e creu que lhe diziam a verdade os que afirmavam a revolução e vagamente a república. A princípio, no meio do espanto, esqueceu-lhe a tabuleta. Quando se lembrou dela, viu que era preciso sustar a pintura. Escreveu às pressas um bilhete e mandou um caixeiro ao pintor. O bilhete dizia só isto: "Pare no D." Com efeito, não era preciso pintar o resto, que seria perdido, nem perder o princípio, que podia valer. Sempre haveria palavra que ocupasse o lugar das letras restantes. "Pare no D".*
> *Quando o portador voltou, trouxe a notícia de que a tabuleta estava pronta.*
> *— Você viu-a pronta?*
> *— Vi, patrão.*
> *— Tinha escrito o nome antigo?*
> *— Tinha, sim, senhor: "Confeitaria do Império".* (Machado de Assis, 2012, p. 166)

Por meio desse trecho, o professor pode transmitir aos alunos uma ideia de como a Proclamação da República foi vivida pelas pessoas comuns do Rio de Janeiro. A inferência de que as notícias vinham pouco a pouco demonstra a inexpressividade da participação popular e quanto todos estavam alheios ao que acontecia, reforçando que a mudança de regime foi arquitetada e executada pelos quartéis militares.

5.1.3 LITERATURA DE IMAGINAÇÃO HISTÓRICA

De todas as possibilidades do uso de literatura em sala de aula, essa é a menos indicada, mas isso não significa que deva ser descartada. Sua essência é a de um autor que escreve sobre um tempo distante, que não foi experimentado por ele em termos práticos. Desse modo, mesmo não sendo historiador, ele muitas vezes se utiliza da ficcionalidade para reconstruir um contexto que tem muito de inventado. Todavia, muitos dos literatos que se propõem a esse tipo de trabalho fazem exaustivas pesquisas históricas, consultando, inclusive, fontes históricas.

Em capítulo anterior, ao abordarmos o conceito de tempo e suas formas de percepção e medição, utilizamos um trecho da obra de Erico Verissimo. Vamos novamente recorrer a esse autor. Por meio da leitura de *Ana Terra*, é possível captar uma série de elementos do período colonial, os quais podem ser discutidos em sala: conflitos entre portugueses e espanhóis (castelhanos); dificuldades e especificidades de se viver em uma região de fronteira; contrabando e descaminho de mercadorias; dificuldades do controle estatal sobre atividades realizadas em regiões mais afastadas da capital colonial; bandeirantes; jesuítas e suas missões; como era o interior das habitações coloniais; cobrança de impostos régios; concessão de sesmarias; entre outros.

Com base na obra *Um certo capitão Rodrigo*, também inserida na trilogia *O tempo e o vento*, o professor pode trabalhar diversos temas referentes ao Brasil dos séculos XVIII e XIX: presença e colonização dos açorianos no Sul; racismo, a partir da percepção de um personagem padre sobre os negros; abolição da escravatura e anseios de reforma agrária, sempre presentes em nossa sociedade; direito natural etc. Por mais que Verissimo não tenha vivido no contexto retratado em suas obras, é inegável que a leitura delas nos permite uma imersão na história.

Outra obra literária que pode ser utilizada em sala de aula é *Senhor das moscas*, de William Golding (2014), vencedor do Prêmio Nobel de Literatura em 1983. Esse livro não é um romance histórico, mas os dilemas psicológicos e sociais vividos pelos personagens podem ser pano de fundo para discussões nas aulas de História.

Nesse livro, conta-se a história de um grupo de crianças e adolescentes que vai parar em uma ilha deserta. Em um local distante do olhar vigilante e supostamente repressor dos adultos, os jovens podem criar uma sociedade baseada em seus próprios valores. A ausência de regras (anomia) acaba pautando o modo como conduzem a vida, e a convivência em grupo passa a ser afetada pelas liberdades individuais excessivas. Alguns elementos, como disputas pelo poder, assassinatos e dificuldades em elaborar um contrato social e dividir de forma justa as tarefas, criam um ambiente de perversidade, no qual a violência é entendida como a única forma de resolução de conflitos.

Por meio dessa obra, o educador pode promover uma discussão sobre as dificuldades de coalização na formação de um Estado com regras aceitas por todos e com liberdades individuais limitadas pelo bem comum, bem como sobre o Estado de bem-estar social e como as sociedades se organizam para garantir formação aos jovens e cuidados com os idosos.

Dos três principais personagens – Rauph (o sensato), Porquinho (o sabido) e Jack (o forte) –, o que passa a exercer o poder é o que se utiliza de força. Isso demonstra como o poder era constituído em muitas sociedades primitivas.

Síntese

Neste capítulo, abordamos algumas possibilidades de uso da literatura no ensino de história. Enfatizamos a importância desse gênero textual em nossa vida, exercendo um papel ímpar sobre nossos potenciais artísticos e criativos; portanto, temos de ser os maiores incentivadores do consumo desse tipo de arte.

Sugerimos uma tipificação das obras literárias, a qual pode ser utilizada nas aulas de História. Primeiramente, discorremos sobre a literatura de memória, que pode ser uma chave de acesso a determinado cenário que o autor tenha vivenciado.

Em seguida, versamos sobre a literatura de captação de contexto histórico, uma das preferidas dos historiadores que, ao estudarem seus objetos, utilizam obras literárias como fontes. Sua riqueza está no fato de o autor portar os valores de seu tempo, podendo, portanto, prestar informações sobre a sociedade em que vive e, em muitos casos, abordar em suas obras temas que os historiadores transformam em seus objetos. Exemplificamos esse tipo de literatura com Machado de Assis, um dos grandes intérpretes de seu tempo; atualmente, suas obras servem como fontes históricas a estudiosos que almejam aprofundar seus conhecimentos sobre o Brasil de fins do século XIX e início do XX.

Por fim, abordamos a literatura de imaginação histórica. Embora seja a menos indicada do ponto de vista do historiador que pretende utilizar a literatura como fonte, se as obras forem bem escolhidas, poderá haver discussões interessantes em sala de aula, até mesmo de ordem filosófica.

Indicações culturais

Livros

A obra *Capitães de areia* é uma excelente fonte de conhecimento da história social do país. Por meio dela, é possível reconhecer aspectos da realidade de crianças pobres de Salvador, uma grande metrópole litorânea brasileira.

AMADO, J. **Capitães de areia**. São Paulo: Companhia das Letras, 2008.

A obra *Razão e sensibilidade*, de Jane Austen, que viveu no século XIX, possibilita o conhecimento de muitos dos dilemas femininos do período. Em suas linhas, fica claro o que a sociedade da época esperava da mulher, bem como os gritos isolados de emancipação feminina.

AUSTEN, J. **Razão e sensibilidade**. São Paulo: M. Claret, 2012.

O romance a seguir, datado do século XII, narra o amor proibido entre Isolda, a rainha das Cornualhas, e Tristão, sobrinho do Rei Marc. Nessa obra, ficam explícitas as relações de compromisso entre suseranos e vassalos, bem como os valores sociais da sociedade cavalheiresca.

BÉDIER, J. **O romance de Tristão e Isolda**. 5. ed. São Paulo: M. Fontes, 2012.

O livro *Tempos difíceis* é um documento sobre a Inglaterra durante a Revolução Industrial. As obras de Charles Dickens têm sido cada vez mais lidas pelos historiadores, por permitirem uma imersão na sociedade forjada pela industrialização.

DICKENS, C. **Tempos difíceis**. Rio de Janeiro: Boitempo, 2015.

A HQ citada na sequência representa o surgimento e o desenvolvimento do Projeto Manhattan, que, sob a autoridade do Exército Americano, reuniu um conjunto de cientistas que desenvolveram as técnicas necessárias para a fissão nuclear, a reação em cadeia e o enriquecimento de urânio; desse modo, eles garantiram tecnologia para a produção da primeira bomba atômica.

FETTER-VORM, J. **Trinity**: a história em quadrinhos da primeira bomba atômica. São Paulo: Três Estrelas, 2013.

Em uma das obras clássicas do século XX, Milan Kundera, ao narrar os dilemas existenciais de seus quatro personagens principais, acaba tangenciando o contexto histórico do Leste Europeu durante a Guerra Fria.

KUNDERA, M. **A insustentável leveza do ser**. São Paulo: Companhia das Letras, 2008.

Na obra *Uma história do Brasil através da caricatura: 1840-2006*, Lemos apresenta uma coletânea de charges produzidas do século XIX ao início do século XXI e repletas de textos introdutórios e referências de grandes cartunistas da história brasileira.

LEMOS, R. **Uma história do Brasil através da caricatura**: 1840-2006. Rio de Janeiro: Bom Texto, 2001.

Nesta obra distópica, cujos relatos se baseiam no regime de Stalin, Orwell narra como seria viver em uma sociedade totalitária sem individualidade e liberdade.

ORWELL, G. **1984**. São Paulo: Companhia das Letras, 2009.

A obra indicada a seguir é um relato de memória de Chil Rajchman, um dos sobreviventes do holocausto. Ele expõe as dificuldades que enfrentou e as estratégias que adotou para sobreviver à experiência mais traumática de sua vida.

RAJCHMAN, C. **Eu sou o último judeu:** Treblinka (1942-1943). Rio de Janeiro: J. Zahar, 2010.

Na HQ *Maus*, Spiegelman retrata os terrores da Segunda Guerra Mundial com base em memórias de seu pai, um judeu polonês que foi duramente perseguido durante o conflito. De forma perspicaz, o autor representa os judeus como ratos e as autoridades nazistas como gatos.

SPIEGELMAN, A. **Maus**. São Paulo: Companhia das Letras, 2009.

Atividades de autoavaliação

1. Leia um trecho do livro *Marcovaldo ou as estações da cidade*, de Ítalo Calvino:

> Esse Marcovaldo tinha um olho pouco adequado para a vida da cidade: avisos, semáforos, vitrines, letreiros luminosos, cartazes, por mais estudados que fossem para atrair a atenção, jamais detinham seu olhar, que parecia perder-se nas areias do deserto. Já uma folha amarelando num ramo, uma pena que se deixasse prender numa telha, não lhe escapavam nunca: não havia mosca no dorso de um cavalo, buraco de cupim numa mesa, casca de figo se desfazendo na calçada que Marcovaldo não observasse e comentasse, descobrindo as mudanças da estação, seus desejos mais íntimos e as misérias da sua existência.

Fonte: Calvino, 1994, p. 79.

Apesar de viver na cidade, Marcovaldo nutre verdadeiro saudosismo pela vida rural. Com base nas discussões contidas neste capítulo, a obra de Calvino pode ser caracterizada como:
a) literatura de memória.
b) literatura de captação de contexto histórico.
c) literatura de imaginação histórica.
d) uma literatura que, em razão de sua ficcionalidade, não pode ser utilizada em sala de aula.

2. Leia o fragmento a seguir, no qual a historiadora Circe M. F. Bittencourt discute as relações entre literatura e história:

> Essa *relação dialógica* fornece então as premissas para que se façam comentários sobre uma obra artística qualquer – um romance, um conto, uma poesia, um quadro –, e esses comentários serão diferentes, dependentes do leitor e da época em que ocorre a leitura (ou a visualização de uma iconografia). Uma peça de teatro de Shakespeare, o poema *Os Lusíadas* de Camões, um romance de Machado de Assis têm sido lidos em diversas situações e épocas e são objeto de interpretações, traduções e adaptações que independem da própria intenção do autor e do público inicial com que ele pretendia estabelecer comunicação.

Fonte: Bittencourt, 2004, p. 341, grifo do original.

Assinale a alternativa que melhor interpreta a visão de Bittencourt:
a) A autora entende que as relações entre literatura e história não são possíveis, dado o alto grau de ficcionalidade da primeira, que vai contra o cientificismo da história. A utilização da literatura, portanto, deveria ser restrita às áreas de linguagem.
b) A autora entende que a literatura deve ser utilizada nas aulas, mas não necessariamente nas de História.

O objetivo de inseri-la em sala de aula é tão somente prezar pela erudição.

c) A autora entende que a literatura deve ser estimulada em sala de aula; contudo, o leitor de um texto literário escrito no passado será capaz de captar o enredo apenas pelo viés do próprio autor.

d) A autora entende que a literatura pode ser utilizada no ensino de história, porém a produção de significados para o leitor será induzida por seus valores pessoais e pela cultura de sua época.

3. Em 2012, o Brasil presenciou uma discussão nos tribunais sobre a proibição ou a permissão do uso de obras de Monteiro Lobato nas escolas públicas. Alguns setores sociais, ligados sobretudo à causa dos direitos dos afrodescendentes, entraram com representação junto ao Superior Tribunal Federal pedindo a proibição do uso do livro *Caçadas de Pedrinho*, escrito na década de 1930, por julgarem que nele havia passagens racistas.

Com base nesse texto e nas discussões contidas neste capítulo, marque V para as afirmativas verdadeiras e F para as falsas:

( ) Um dos fatores que levam alguns setores a classificar trechos de Monteiro Lobato como racistas é a desconsideração dos valores culturais existentes na época em que foram escritos.

( ) Abordar livros escritos em décadas anteriores, com passagens que revelam preconceitos de época, pode ser uma excelente oportunidade para se problematizarem assuntos polêmicos.

( ) O fato de setores sociais se posicionarem com relação à obra de Lobato pode revelar avanços da sociedade atual no que diz respeito a práticas preconceituosas.

( ) O trecho demonstra que a utilização de literatura nas aulas de História deve ser evitada, visto que pode reforçar preconceitos que a sociedade atual julgava já ter superado.

Assinale a alternativa que corresponde à sequência correta:

a) V, F, V, V.
b) F, V, V, F.
c) V, V, V, F.
d) F, F, F, V.

4. A respeito do uso de literatura nas aulas de História, assinale a alternativa correta:

a) A ficcionalidade faz parte do processo de construção da historiografia. No entanto, não podemos perder de vista que os métodos científicos adotados pela área colocam limites bem circunscritos no raio de ficcionalidade dos historiadores.

b) Tendo em vista que os historiadores atuam com base em pequenas evidências e fragmentos, podemos dizer que a história é, por excelência, um gênero literário.

c) A ficcionalidade não pode fazer parte do processo de construção da historiografia, na medida em que o cientista historiador tem fontes suficientes para elaborar suas teses com precisão.

d) Os métodos científicos adotados pela historiografia permitem a abrangência de vários gêneros narrativos, portanto o raio de ficcionalidade dos historiadores é ilimitado.

5. Para incluir literatura nas aulas de História, o professor deve seguir alguns procedimentos básicos, que vão muito além da simples seleção de trechos literários a serem apresentados aos alunos. Assinale a alternativa que contêm ações necessárias a essa inclusão:
   a) Selecionar literatura é algo muito complexo. Assim, o professor deve escolher aleatoriamente os títulos a serem utilizados em sala de aula.
   b) O historiador interessado em preparar uma aula mesclada entre história e literatura deve utilizar exclusivamente títulos do século XIX, posto que é o período histórico menos distante do século XXI.
   c) O professor interessado em levar literatura para a sala de aula deve, primeiramente, estar apto a tipificar os estilos literários, bem como ter um conhecimento profundo da obra que deseja utilizar.
   d) Antes de levar literatura para a sala de aula, o professor precisa assegurar que os alunos tenham lido, na íntegra, o livro escolhido.

Atividades de aprendizagem

Questão para reflexão

1. Leia o fragmento a seguir, em que Hayden White apresenta questionamentos sobre a cientificidade da história.

   > Pensadores da Europa continental – de Valéry e Heidegger a Sarte, Lévi-Strauss e Michel Foucault – expressaram sérias dúvidas sobre o valor de uma consciência especificamente "histórica", sublinharam o caráter fictício das reconstruções históricas e contestaram as pretensões da história a um lugar entre as ciências. Ao mesmo tempo,

> filósofos anglo-americanos produziram uma alentada bibliografia sobre a posição epistemológica e a função cultural da reflexão histórica, bibliografia que, tomada em conjunto, justifica intensas dúvidas acerca do estatuto da história como ciência rigorosa ou arte genuína. Essas duas linhas de investigação tiveram o efeito de criar a impressão de que a consciência histórica de que se orgulha o homem ocidental desde o início do século XIX talvez não passe de uma base teórica para a posição ideológica a partir da qual a civilização ocidental encara seu relacionamento não só com as culturas e civilizações que a precederam mas também com as que lhe são contemporâneas no tempo e contíguas no espaço. Em suma, é possível conceber a consciência histórica como um viés especificamente ocidental capaz de fundamentar retroativamente a presumida superioridade da moderna sociedade industrial.

Fonte: White, 1995, p. 17-18.

Com base no texto de White e nas discussões contidas neste capítulo, responda às seguintes questões:

a) A História, como disciplina acadêmica, está imune a críticas acerca de sua cientificidade? Argumente.

b) De que modo o uso da literatura como instrumento pedagógico pode reforçar as críticas à disciplina de História?

Atividade aplicada: prática

1. Escolha uma obra literária e selecione um trecho por meio do qual seja possível trabalhar a história. Você pode escolher um autor do período que deseja abordar, cujo livro trate do assunto de sua preferência, ou um escritor contemporâneo; nesse caso, cabe comparar a sociedade atual com algum fato histórico específico. Com base nisso, elabore um plano de aula.

Capítulo 6
Julgar, punir ou medir?

Neste capítulo, apresentamos discussões sobre avaliações na disciplina de História, assim como exemplos práticos dessa atividade. O tema *avaliação* tem recebido muita atenção nas últimas décadas. Cada vez se torna mais forte o discurso de que a famosa prova não deve ser um instrumento de memorização por parte dos alunos nem de classificação dos estudantes. Ela deve conter reflexão e ser processual, o que vale para todo o processo de ensino e aprendizagem.

(6.1)
AVALIAÇÃO: INSTRUMENTO DE APRENDIZAGEM OU MERA BUROCRACIA?

Um grave problema conceitual vigora nas escolas quando o assunto é avaliação: por um lado, do ponto de vista pedagógico, ela é entendida como um instrumento de aprendizado, que deve permitir construção de conhecimento por parte dos alunos; assim, o professor pode verificar também se os seus objetivos foram alcançados. Por outro lado, é considerada um mecanismo burocrático e, muitas vezes, subjetivo para classificar os alunos de acordo com seu desempenho naquela prova.

Em boa parcela das escolas, os professores são orientados a expor determinada unidade temática e, em seguida, aplicar uma avaliação formal escrita. Em outras, as avaliações são concentradas no final do bimestre, do trimestre ou do semestre. Em ambos os modelos, existem vários problemas, mas o mais grave talvez seja a inviabilidade de um *feedback* contínuo sobre o andamento do processo de ensino e aprendizagem.

Várias escolas espalhadas pelo mundo estão investindo muito em plataformas avaliativas digitais. Esse ferramental tecnológico garante avaliações com resultados instantâneos e precisão na identificação dos pontos em que são necessários reforços. Acreditamos que, com a intensificação das novas tecnologias, os objetos digitais avaliativos promoverão uma verdadeira revolução no processo de ensino e aprendizagem.

O processo atual de avaliação castiga tanto os alunos quanto os professores. Além disso, muito papel é impresso à toa; provas e mais provas que em nada melhoram a educação são aplicadas a todo momento. Portanto, é fundamental a comunidade escolar debater aspectos relativos à avaliação. Afinal, ferramentas digitais criadas com rigor pedagógico poderiam aliviar o fardo de os professores terem de avaliar os estudantes de forma tão maçante.

(6.2)
ORIENTAÇÕES PRÁTICAS PARA A ELABORAÇÃO DE ITENS AVALIATIVOS PARA INSTRUMENTOS FORMAIS

No ensino fundamental I, a disciplina de História tem a finalidade de contribuir para o processo de alfabetização das crianças; esse ponto deve ser levado em consideração quando da utilização de estratégias avaliativas.

Os Parâmetros Curriculares Nacionais (PCN) de História, ao discutirem o primeiro e o segundo ciclos, mencionam que, para auxiliar na alfabetização dos alunos, deve-se solicitar a eles a leitura de imagens e entrevistas, por exemplo, acompanhada de propostas de produção textual. Dessa maneira, as habilidades de leitura e interpretação, que ainda estão em processo de desenvolvimento em alunos dessa faixa etária (7 a 11 anos), não comprometem a atividade avaliativa (Brasil, 1998).

Por uma questão mercadológica, defendemos que o professor deve atentar-se às particularidades do ensino de história para o ensino fundamental I. Cada vez mais, as escolas optam por especialistas de área para lecionar no 4º e no 5º anos, em detrimento do pedagogo polivalente. Desse modo, é uma área de trabalho que não pode ser desprezada.

No tocante ao ensino fundamental II e ao ensino médio, sugerimos um formato padrão para as questões: as subjetivas devem apresentar um suporte (texto ou imagem) e um comando, e as objetivas devem conter um suporte e alternativas (correta e distratores – alternativas que não contemplam a resposta, mas que contêm certa coerência).

É preciso internalizar a premissa de que as questões de uma prova devem representar uma possibilidade de aprendizado para os alunos. Além disso, a reflexão deve ser uma exigência para que eles possam resolver a questão.

Apresentamos, a seguir, exemplos de questões avaliativas que seguem os padrões expostos.

> **Exemplo 1**
>
> "Outro agente que saiu fortalecido da crise do século XIV foi a Monarquia. O vácuo de poder aberto pelo enfraquecimento da nobreza é imediatamente recoberto pela expansão das atribuições, poderes e influências dos monarcas modernos. Seu papel foi decisivo tanto para conduzir a guerra quanto, principalmente, para aplacar as revoltas populares. A burguesia via neles um recurso legítimo contra as arbitrariedades da nobreza e um defensor de seus mercados contra a penetração de concorrentes estrangeiros. A unificação política significava a unificação também das moedas e dos impostos, das leis e normas, pesos e medidas, fronteiras e aduanas. Significava a pacificação das guerras feudais e a eliminação do banditismo nas estradas. Com a grande expansão do comércio, a Monarquia nacional criaria a condição política indispensável à definição de mercados nacionais e à regularização da economia internacional."
>
> SEVCENKO, N. O renascimento. São Paulo: Atual, 1988. p. 8.
>
> 1. Explique quais eram os principais interesses da burguesia no fortalecimento do poder real.
>
> A questão apresenta um suporte: no caso, um texto historiográfico, que o aluno dificilmente leria em outras circunstâncias.
>
> Isso certamente já é um ganho no aprendizado. Na sequência, há um comando, no qual o avaliador expressa o que deseja saber. As informações para responder à questão estão no próprio texto, portanto o estudante terá de interpretá-lo. Desse modo, não é a memorização prévia dos interesses burgueses no fortalecimento do poder do rei que está em jogo, mas a perspicácia de ler o texto, interpretá-lo e compreender o comando, de modo a adquirir o conhecimento exigido.

No próximo exemplo, utiliza-se uma imagem de fonte histórica, a qual cumpre a função de suporte na questão.

Exemplo 2

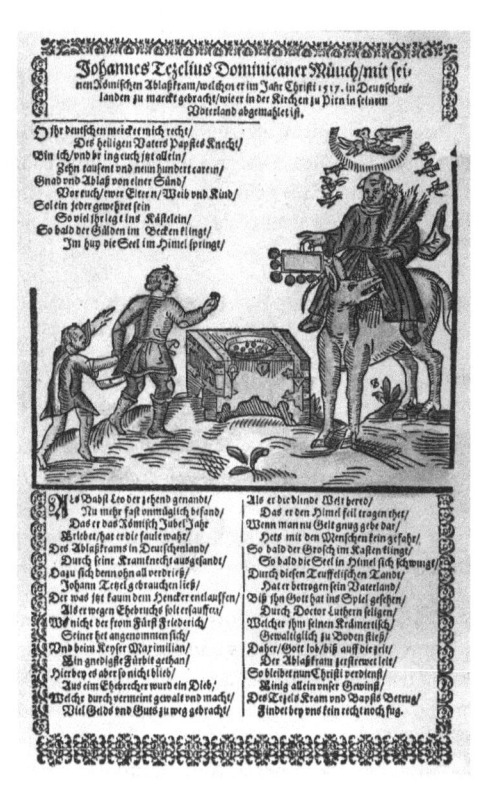

GERMAN Dominican Monk. Gravura, 180 × 200 mm. Acervo particular, Alemanha.

A imagem mostra Johann Tetzel, grande inquisidor que atuava na venda de indulgências na Alemanha. Ao se traduzir o texto do alemão para o português, têm-se os seguintes dizeres: "Logo que o ouro cai na caixa, uma alma é absolvida do purgatório e enviada ao céu". Com base na imagem, explique o que era a venda de indulgências.

Novamente, não se exige do aluno nenhuma memorização prévia. Para responder a essa questão, ele precisa ser capaz de relacionar a imagem ao texto contido nela.

Confira, a seguir, uma questão de múltipla escolha.

> **Exemplo 3**
>
> "Toda comunidade primitiva aspira, do ponto de vista de sua produção de consumo, à autonomia completa; ela aspira a excluir toda relação de dependência com os grupos vizinhos. Expresso numa fórmula condensada, este é o ideal autárquico da sociedade primitiva: produz-se o mínimo suficiente para satisfazer todas as necessidades, mas dá-se um jeito de produzir a totalidade desse mínimo."
>
> CLASTRES, P. Arqueologia da violência: pesquisas de antropologia política. São Paulo: Cosac & Naify, 2004. p. 181.
>
> 1. O texto aborda aspectos da organização indígena, na qual se percebe que:
>   a) o uso de instrumentos era desejado para viabilizar a acumulação.
>   b) as sociedades sedentarizadas apresentavam alta produtividade.
>   c) existiam procedimentos de troca entre as diferentes comunidades.
>   d) havia uma interdependência produtiva entre os diferentes grupos.
>   e) a acumulação não era um valor perseguido pelas comunidades.
>
> Partimos do mesmo formato: suporte seguido de comando. Contudo, em questões objetivas, são necessários bons distratores, ou seja, as alternativas falsas devem ter uma coerência, para que o aluno, ao assinalar alguma resposta incorreta, consiga identificar o que causou um erro de raciocínio.
> Nessa questão, a alternativa correta é a letra e. A interpretação adequada do texto leva o aluno a essa resposta. No entanto, as demais alternativas (distratores) apresentam uma lógica e não se caracterizam como respostas absurdas. Desse modo, o estudante que erra pode identificar o ponto em que seu raciocínio desviou a rota. Em tempo: devem-se evitar enunciados que solicitem ao aluno que assinale a alternativa incorreta, bem como o uso de expressões definitivas (apenas, somente, impossível etc.).

Pela nossa experiência, notamos que a parte mais complexa da elaboração de uma boa questão reside na escolha do suporte. Essa etapa exige do professor muito repertório de leitura historiográfica, de jornais, de fontes históricas (escritas e visuais) etc. Convém ressaltarmos que mapas históricos também podem ser ótimos suportes.

(6.3)
UM CAMINHO PARA AVALIAR EM HISTÓRIA

Segundo as historiadoras Schmidt e Cainelli (2004), para organizar seus instrumentos avaliativos, o professor historiador precisa observar se os alunos têm fluência cronológica, ou seja, se são capazes de estabelecer a sequência lógica de fatos e processos históricos; estimular a análise crítica de discursos/testemunhos históricos para entender as motivações dos agentes históricos; verificar se os estudantes dominam a linguagem utilizada em determinado contexto histórico e se conseguem compreender semelhanças, diferenças, continuidades e rupturas; etc. Desse modo, as autoras auxiliam na definição dos objetivos a serem alcançados por meio do ensino de história e podem nortear, ainda, a produção de itens avaliativos.

É importante que o professor, por meio de instrumentos avaliativos variados, propicie aos alunos o afloramento e o aperfeiçoamento de habilidades além das acadêmicas. Para isso, o educador pode solicitar a eles, por exemplo, que elaborem um roteiro teatral sobre uma situação relativa ao contexto histórico em estudo ou pequenos vídeos problematizando questões previamente dadas. A maioria dos alunos certamente possui instrumentos tecnológicos que permitem a confecção de vídeos. Convém ressaltarmos que muitos influenciadores digitais despertaram para essa atividade a partir de atividades escolares.

Síntese

Neste capítulo, destacamos a necessidade de transformar avaliações meramente classificatórias em um efetivo instrumento de aprendizado. Em seguida, apresentamos exemplos de questões interessantes, que exigem interpretação ou reflexão por parte dos alunos. Por fim, amparados por Schmidt e Cainelli (2004), versamos sobre os pontos que devem ser observados pelo professor de História no que se refere à organização de instrumentos avaliativos.

Indicações culturais

Sites

No *site* do Inep, são apresentadas as diretrizes utilizadas pelo instituto para a formulação das principais avaliações oficiais (nacionais e internacionais) aplicadas aos alunos da educação básica.

BRASIL. Ministério da Educação. Inep – Instituto Nacional de Estudos e Pesquisas Educacionais Anísio Teixeira. Disponível em: <http://www.inep.gov.br>. Acesso em: 20 jul. 2017.

No *site* apresentado a seguir, você pode acessar um conjunto de recursos multimídia, como vídeos e planos de aula. Além disso, há orientações práticas para a formulação de avaliações processuais ou diagnósticas. O portal, de âmbito nacional, oferece ferramentas que possibilitam a participação dos usuários em projetos colaborativos, bem como a organização de grupos de trabalho que visem à melhoria das práticas pedagógicas.

BRASIL. Ministério da Educação. Portal do Professor. Disponível em: <http://portaldoprofessor.mec.gov.br>. Acesso em: 20 jul. 2017.

Atividades de autoavaliação

1. De acordo com as discussões contidas neste capítulo, uma boa questão objetiva deve:
   a) conter imagem, alternativa correta e distratores.
   b) conter suporte, comando, alternativa correta e distratores.

c) solicitar a alternativa falsa.
d) privilegiar textos como suporte em vez de imagens.

2. Um distrator pode ser definido como:
    a) uma alternativa falsa que apresenta certa coerência.
    b) uma alternativa correta que gabarita a questão.
    c) uma alternativa falsa que contém explicação implausível.
    d) uma alternativa correta que busca confundir o aluno.

Leia o texto a seguir para responder às questões 3 e 4.

> Ao se falar em avaliação, também é necessário conhecer as principais características do ato de avaliar – avaliação inicial, avaliação formativa e avaliação somativa – e procurar conhecer suas semelhanças e diferenças. A avaliação tem de ser pensada como um diagnóstico contínuo e sistemático, o qual procurará analisar a relevância do conhecimento a ser ensinado, o significado do conhecimento ensinado e a eficácia do conhecimento apreendido. Nessa perspectiva, a avaliação nunca pode ter um fim em si mesma, mas deve ser vista como meio que funcionará muito mais para resolver e sanar problemas de ensino e aprendizagem que para classificar o aluno, apontar seus erros ou reprová-lo.

Fonte: Schmidt; Cainelli, 2004, p. 147-148.

3. Com base no texto anterior e nas discussões levantadas no capítulo, marque V para as afirmativas verdadeiras e F para as falsas:
    ( ) Segundo o texto, antes de iniciar a abordagem de um novo conteúdo, o professor deve verificar os conhecimentos prévios dos alunos.
    ( ) A avaliação formativa é processual e capaz de contribuir para a formação acadêmica dos alunos.

( ) O processo classificatório é considerado benéfico do ponto de vista social, já que introduz entre os alunos a competição, um dos motores do sistema capitalista de produção.

( ) O principal objetivo das avaliações é separar os estudantes que adquiriram os pré-requisitos para a série seguinte daqueles que não os adquiriram.

Assinale a alternativa que corresponde à sequência correta:

a) F, V, V, V.
b) V, V, V, F.
c) V, F, V, V.
d) V, V, F, V.

4. Com base no texto e nas discussões do capítulo, assinale a alternativa correta no que diz respeito à avaliação nas escolas brasileiras:

a) As avaliações devem ser encaradas como suporte metodológico para a aprendizagem.
b) As avaliações escritas devem ser inseridas nas escolas desde os primeiros anos do ensino fundamental.
c) A utilização de imagens deve ser evitada em questões avaliativas, visto que não coadunam com a cultura erudita, principal objetivo das escolas.
d) As avaliações devem servir muito mais para identificar problemas do que propriamente para solucioná-los.

5. Sobre os conteúdos abordados neste capítulo, marque V para as afirmativas verdadeiras e F para as falsas:
( ) Todo e qualquer autor de literatura é um ser humano de seu tempo. Nesse sentido, suas obras abordam dilemas e contextos que não estão, de todo, descolados da atmosfera do próprio autor.
( ) No que se refere à avaliação, para auxiliar na alfabetização dos alunos, deve-se propor a eles a leitura de imagens e entrevistas, por exemplo, acompanhada de propostas de produção textual.
( ) É preciso internalizar a premissa de que as questões de uma prova devem representar uma possibilidade de aprendizado para os alunos. Além disso, a reflexão deve ser uma exigência para que eles possam resolver a questão.
( ) A literatura de imaginação histórica é a mais indicada para uso em sala de aula, pois sua essência é a de um autor que escreve sobre um tempo distante, que não foi experimentado por ele em termos práticos. Sendo assim, ele toma para si também o ofício de historiador, utilizando-se da ficcionalidade para reconstruir um contexto.

Assinale a alternativa que corresponde à sequência correta:
a) V, V, V, F.
b) V, V, V, V.
c) V, F, V, V.
d) V, V, F, V.

Atividades de aprendizagem

Questão para reflexão

1. Leia o texto a seguir, do historiador Jaime Pinsky, para responder às questões **a** e **b**.

> **Um mundo sem utopias**
>
> *Sem leituras sérias abdicamos do patrimônio cultural da humanidade, arduamente construído ao longo de milênios*
>
> O processo civilizatório se desenvolve desde que existe o ser humano. A descoberta do fogo, a invenção da roda, a domesticação de animais, a elaboração de deuses, a estruturação das cidades foram marcos na história da humanidade.
>
> Mas, depois da fala, dificilmente encontraremos fatores civilizatórios mais importantes do que a criação, a racionalização e a universalização da palavra escrita. Por meio dela, o homem se tornou capaz não apenas de produzir cultura como de guardá-la de modo eficiente e de, mais ainda, transmiti-la aos contemporâneos e às gerações seguintes.
>
> Com a escrita tornava-se mais fácil apresentar descobertas, descrever invenções, divulgar técnicas, expor ideias, confessar fraquezas, compartilhar sentimentos.
>
> Praticada, inicialmente, apenas por elites a escrita espalhava com muita parcimônia o saber acumulado, uma vez que o conservadorismo dos detentores do poder bloqueava a democratização dos avanços na cultura material e imaterial.
>
> Com os papiros e pergaminhos, inicialmente, e mais tarde com o papel e, mais ainda, com a imprensa de tipos móveis, a cultura, no sentido de patrimônio acumulado, passou a alcançar um número cada vez maior de pessoas, democratizando o saber e dando oportunidades a uma parcela importante da população. Sem a palavra escrita, em geral, e sem o livro, em particular, a história não teria sido a mesma.
>
> Ao longo do século 19, nos países mais desenvolvidos, as pessoas foram aprendendo a ler e a escrever. A desvalorização do trabalho braçal, substituído por máquinas, o crescimento do setor de serviços, o

aumento da produtividade no campo, o crescimento das cidades: o mundo parecia caminhar para uma realidade sonhada pelos utopistas.

Ao ler livros, ao escrever cartas, ao redigir o resultado de reflexões complexas, os cidadãos compartilhavam ideias e sentimentos, tão mais densos quanto mais habilitados estivessem nas técnicas da escrita e da leitura. Era permitido sonhar com uma sociedade universal de gente alfabetizada com oportunidades de ascensão social determinadas apenas pelos seus méritos. Não por acaso é o momento das grandes utopias igualitárias.

Já no século 21 as utopias parecem coisas de um passado remoto. Mesmo não gostando do mundo como está, parece que desistimos de mudá-lo. Vivemos ou em sociedades consumistas, ou burocráticas, ou fundamentalistas. Fingimos que a felicidade pode ser encontrada comprando mercadorias, obedecendo regras, ou acreditando em um improvável mundo pós-morte.

Jogamos no lixo milhares de anos de avanço civilizatório e nos transformamos em meros consumidores de softwares. Estamos perdendo a habilidade de ler textos complexos, nos conformamos com a pobreza da linguagem das redes sociais.

Em nome da interatividade sentimo-nos qualificados a ser banais. Sem leituras sérias abdicamos do patrimônio cultural da humanidade, arduamente construído ao longo de milênios.

Não precisamos sequer de um Grande Irmão para ordenar a queima de livros: queimamos nossas estantes, por inúteis. E nem as substituímos por livros digitais, já que vamos deixar o saber apenas para os criadores de software.

Fonte: Pinsky, 2015.

a) De acordo com o processo indicado por Jaime Pinsky, qual é a importância do ensino de história para os processos civilizatório e de evolução social?

b) Levando em conta as características da sociedade atual, em sua opinião, que desafios o professor de História enfrentará no ensino das novas gerações?

Atividade aplicada: prática

1. Escolha um tema abordado na disciplina de História e aponte o ano escolar em que é estudado. Caso seja um ano do ensino fundamental, crie três questões dissertativas e duas objetivas; se for um ano do ensino médio, produza duas questões dissertativas e três objetivas. Lembre-se de selecionar bons suportes e de elaborar comandos claros.

Considerações finais

Caro leitor:

Nosso objetivo principal nesta obra foi abordar o ensino de história no Brasil. Para tanto, analisamos a institucionalização dessa disciplina no campo científico: se, por um lado, os metódicos impuseram uma série de princípios à área, os quais são bastante refutados atualmente, por outro, auferiram credibilidade para o campo histórico como ciência, uma vez que ele era muito criticado pelos acadêmicos da época. A história era tachada como um ramo da literatura, e a solução encontrada pelos metódicos foi o apego incondicional às fontes históricas escritas e oficiais.

Com base nisso, salientamos a relação entre os métodos utilizados pelos historiadores para a produção do conhecimento histórico e a forma de ensino da disciplina nos bancos escolares. Na educação tradicional, buscava-se reproduzir os valores das gerações anteriores; desse modo, os estímulos criativos das pessoas submetidas a esse modelo eram minimizados.

As discussões universitárias exercem influência direta no ensino de história, porém os avanços conseguidos por essas instituições, bem como as pesquisas acadêmicas, demoraram a chegar à educação básica.

Esse problema causou certa persistência dos pressupostos metódicos no ensino de história durante os séculos XX e XXI, mesmo diante dos avanços produzidos pela escola dos Annales e pela Nova História. Ainda perdurava uma disciplina que prezava pela memorização de datas, nomes de personagens e eventos marcantes.

No Brasil, durante o século XIX, buscou-se primeiramente formular uma história nacional, sobretudo por meio do Instituto Histórico e Geográfico Brasileiro (IHGB). Abordou-se a formação de uma trajetória do país cujo objetivo era criar o sentimento de pertencimento a uma nação, necessário para a continuidade do jovem Estado brasileiro. Durante esse período, o ensino foi pautado pela metodologia tradicional, derivada da escola metódica. Somente após o fim do regime militar e a supressão das disciplinas de Estudos Sociais e de Organização Social e Política Brasileira (OSPB), notou-se alguma disposição para avanços no ensino de história. Nesse contexto, os novos métodos propostos pela escola dos Annales e pela Nova História adentraram, com afinco, as salas de aula.

No decorrer desta obra, abordamos alguns conceitos básicos para o ensino de história. Nossa pretensão não foi esgotar tais conceitos nem as discussões tangentes a eles, mas estimular o aprofundamento de seus estudos por meio da bibliografia apresentada neste livro.

Um dos conceitos mais importantes é o de tempo. As relações entre as sociedades humanas e o tempo foram variadas, e sua notação serviu para a formulação de calendários e de instrumentos técnicos capazes de medir sua passagem; dessa maneira, as sociedades podiam organizar seus afazeres.

Outro conceito fundamental para o ensino de história é o de sujeito histórico. Sua utilização adequada faz com que os alunos se percebam como partícipes desse movimento humano e, assim, acabem participando com mais entusiasmo das discussões. Todo e qualquer indivíduo, independentemente de gênero e classe social, apresenta as prerrogativas para participar dos movimentos históricos, conforme os limites das estruturas sociais e políticas de sua época. A história, portanto, não é monopólio de grandes líderes e instituições; ela recebe pressões das dinâmicas sociais, levadas a cabo pelas pessoas comuns.

Na sequência, demonstramos que as fontes históricas, após sofrerem críticas da escola dos Annales e da Nova História, passaram a ser múltiplas e transpuseram o documento oficial. Ao incentivar os alunos a interpretar essas fontes, o professor estimula suas capacidades de questionamento, análise e crítica. Portanto, essa é uma forma de construir uma sociedade composta de cidadãos mais críticos e participativos na vida pública. Outra fonte histórica que merece destaque é a memória dos indivíduos que vivenciaram determinados processos históricos, a qual favorece a construção do conhecimento histórico.

Além disso, apresentamos alternativas metodológicas para o ensino de história, ressaltando possíveis recursos a serem utilizados em sala de aula. Como a geração atual é bastante visual e estimulada pelo contexto das novas tecnologias da comunicação, o professor deve sempre buscar inovar em suas aulas, fazendo uso de linguagens variadas.

Com esse propósito, expusemos possibilidades de uso de histórias em quadrinhos (HQs), charges, tirinhas e obras de arte em sala de aula. Essas linguagens se caracterizam pela junção do visual com o verbal e, muitas vezes, utilizam-se de ironia e humor para abordar temáticas históricas. Muitas charges, por exemplo, problematizam questões de seu tempo, sendo consideradas excelentes fontes históricas.

Outra metodologia em que apostamos é a utilização de jornais em sala de aula, a qual permite vários ganhos pedagógicos: formação de alunos mais críticos, na medida em que podem conhecer pontos de vista diferentes sobre uma mesma temática; aproximação entre a escola e a sociedade, já que os jornais noticiam questões atuais de interesse do povo; entre outros.

Nesta obra, discorremos também sobre o uso de literatura no ensino de história. Classificamos as obras literárias em três categorias: literatura de memória, que aborda um contexto histórico com base nas memórias do autor; literatura de captação de contexto histórico, a qual revela um conjunto de valores da sociedade em que o autor estava inserido; e literatura de imaginação histórica, que deve ser utilizada com mais cautela, visto que o contexto histórico é reconstruído pelo autor, que se utiliza de pesquisa e de imaginação histórica.

Por fim, dedicamos algumas páginas a uma tarefa bastante presente na vida dos professores historiadores: a avaliação. Em vez de classificarem os alunos de acordo com seu desempenho, os instrumentos avaliativos devem ser os mais reflexivos possíveis, constituindo parte importante do processo de aprendizado.

No mais, deixamos o registro de nossa imensa satisfação em compartilhar com você nossas experiências no ensino de história.

Referências

ABREU, K. Não darás falso testemunho. **Folha de S.Paulo**, São Paulo, 25 jan. 2013. Opinião. Disponível em: <http://www1.folha.uol.com.br/opiniao/2013/01/1220188-katia-abreu-nao-daras-falso-testemunho.shtml>. Acesso em: 20 jul. 2017.

ABREU, M.; SOIHET, R. **Ensino de história**: conceitos, temáticas e metodologia. Rio de Janeiro: Casa da Palavra/Faperj, 2015.

ABUD, K. M. Formação da alma e do caráter nacional: ensino de história na Era Vargas. **Revista Brasileira de História**, São Paulo, v. 18, n. 36, 1998. Disponível em: <http://www.scielo.br/scielo.php?script=sci_arttext&pid=S0102-01881998000200006>. Acesso em: 19 jul. 2017.

AGUIRRE ROJAS, C. A. **Antimanual do mau historiador ou como se fazer uma boa história crítica?** Londrina: Eduel, 2007.

ALVES, G. **Azeredo Coutinho**. Recife: Fundação Joaquim Nabuco, 2010.

ARENDT, H. **Eichmann em Jerusalém**: um relato sobre a banalidade do mal. São Paulo: Companhia das Letras, 1999.

BALDUINO, T. Apreensão no campo. **Folha de S.Paulo**, São Paulo, 23 jan. 2013. Opinião. Disponível em: <http://www1.folha.uol.com.br/fsp/opiniao/90003-apreensao-no-campo.shtml>. Acesso em: 20 jul. 2017.

BÍBLIA (Novo Testamento). Mateus. Português. **Santa Bíblia**. Tradução de João Ferreira de Almeida, fiel ao texto original. cap. 26, vers. 34. Disponível em: <http://www.ebooksbrasil.org/eLibris/biblia.html>. Acesso em: 20 jul. 2017a.

BÍBLIA (Antigo Testamento). Tobias. Português. **Sua Bíblia Online**. cap. 8, vers. 11-14. Disponível em: <http://www.suabibliaonline.com.br/almeida-corrigida-e-revisada-fiel/tobias/8>. Acesso em: 20 jul. 2017b.

BITTENCOURT, C. M. F. **Ensino de história**: fundamentos e métodos. São Paulo: Cortez, 2004.

BLOCH, M. **Apologia da história ou o ofício do historiador**. Tradução de André Telles. Rio de Janeiro: J. Zahar, 2001.

BRASIL. Câmara dos Deputados. Decreto-Lei n. 1.006, de 30 de dezembro de 1938. **Diário Oficial da União**, Poder Executivo, Rio de Janeiro, 5 jan. 1939. Disponível em: <http://www2.camara.leg.br/legin/fed/declei/1930-1939/decreto-lei-1006-30-dezembro-1938-350741-publicacaooriginal-1-pe.html>. Acesso em: 20 jul. 2017.

BRASIL. Lei n. 5.692, de 11 de agosto de 1971. **Diário Oficial da União**, Poder Legislativo, Brasília, DF, 12 ago. 1971. Disponível em: <http://www.planalto.gov.br/ccivil_03/leis/L5692.htm>. Acesso em: 20 jul. 2017.

BRASIL. Ministério da Educação. **Base Nacional Comum Curricular**. Disponível em: <http://basenacionalcomum.mec.gov.br/#/site/inicio>. Acesso em: 20 jul. 2017.

BRASIL. Ministério da Educação e do Desporto. Secretaria de Educação Fundamental. **Parâmetros Curriculares Nacionais:** Terceiro e Quarto Ciclos do Ensino Fundamental – História. Brasília: MEC/SEF, 1998. Disponível em: <http://portal.mec.gov.br/seb/arquivos/pdf/pcn_5a8_historia.pdf>. Acesso em: 20 jul. 2017.

BROWNE, D. **O melhor de Hagar, o Horrível**. Porto Alegre: L&PM, 2014. v. 2.

BURKE, P. **A fabricação do rei**: a construção da imagem pública de Luís XIV. Rio de Janeiro: J. Zahar, 1994.

CALVINO, Í. **Marcovaldo ou as estações da cidade**. São Paulo: Companhia das Letras, 1994.

CASTRO, R. Nós em 2214. **Folha de S.Paulo**, São Paulo, 18 abr. 2014. Colunistas. Disponível em: <http://www1.folha.uol.com.br/colunas/ruycastro/2014/04/1442414-nos-em-2214.shtml>. Acesso em: 20 jul. 2017.

CERRI, L. F. **Ensino de história e consciência histórica:** implicações didáticas de uma discussão contemporânea. Rio de Janeiro: Ed. da FGV, 2011.

COMTE, A. **Curso de filosofia positiva; Discurso preliminar sobre o conjunto do positivismo; Discurso sobre o espírito positivo**. São Paulo: Abril Cultural, 1978. (Coleção Os Pensadores).

FAGUNDEZ, I. Protesto pró-ditadura ignora história do país, diz Comissão da Verdade de SP. **Folha de S.Paulo**, São Paulo, 21 mar. 2015. Disponível em: <http://m.folha.uol.com.br/saopaulo/2015/03/1605277-protesto-pro-ditadura-ignora-historia-do-pais-diz-comissao-da-verdade-de-sp.shtml?mobile>. Acesso em: 20 jul. 2017.

FEBVRE, L. **Combates pela história**. 2. ed. Lisboa: Editorial Presença, 1989.

FERNANDES, A. T. de C. **História na escola**: o presente questiona o passado. Disponível em: <https://lemad.fflch.usp.br/sites/lemad.fflch.usp.br/files/2017-12/Hist%C3%B3ria%20na%20escola_o%20presente%20questiona%20o%20passado.pdf>. Acesso em: 29 dez. 2023.

FERREIRA, A. B. de H. **Dicionário Aurélio da língua portuguesa**. 5. ed. Curitiba: Positivo, 2010.

FERREIRA, R. C. C. **A Comissão Nacional do Livro Didático durante o Estado Novo (1937-1945)**. 139 f. Dissertação (Mestrado em História e Sociedade) – Faculdade de Ciências e Letras, Universidade Estadual Paulista, Assis, 2008. Disponível em: <http://repositorio.unesp.br/bitstream/handle/11449/93413/ferreira_rcc_me_assis.pdf?sequence=1>. Acesso em: 20 jul. 2017.

FISCHER, R. M. B. Foucault e a análise do discurso em educação. **Cadernos de Pesquisa**, n. 114, p. 197-223, nov. 2001. Disponível em: <http://www.scielo.br/pdf/cp/n114/a09n114.pdf>. Acesso em: 20 jul. 2017.

FOLHA DE S.PAULO. Cartuns diários. 16 fev. 2014. Disponível em: <https://www1.folha.uol.com.br/ilustrada/cartum/cartunsdiarios/#16/2/2014>. Acesso em: 3 jan. 2024.

FONSECA, S. G. **Didática e prática de ensino de história**: experiências, reflexões e aprendizados. São Paulo: Papirus, 2003.

FONSECA, S. G. **Ser professor no Brasil**: história oral de vida. Campinas: Papirus, 1997.

FREIRE, P. **Pedagogia do oprimido**. Rio de Janeiro: Paz e Terra, 2014.

FREYRE, G. **Casa-grande & senzala**. São Paulo: Global, 2006.

FREYRE, G. **Casa-grande & senzala em quadrinhos**. Adaptação de Estevão Pinto. Ilustração de Ivan Wasth Rodrigues. Colorização de Noguchi. Rio de Janeiro: Brasil-América, 2000.

FURTADO, C. **Formação econômica do Brasil**. São Paulo: Companhia das Letras, 2007.

GANZER, N. N. Construções discursivas de D. Leopoldina na historiografia: convergências e contrastes em alguns projetos de construção da identidade nacional brasileira. 109 f. Dissertação (Mestrado em Linguística Aplicada) – Faculdade de Letras, Universidade Federal do Rio de Janeiro, Rio de Janeiro, 2013. Disponível em: <http://www.letras.ufrj.br/linguisticaaplicada/site/dissert/2013-nathaliaganzer.pdf>. Acesso em: 20 jul. 2017.

GINZBURG, C. **Mitos, emblemas e sinais**. São Paulo: Companhia das Letras, 1989a.

GINZBURG, C. Sinais: raízes de um paradigma indiciário. In: GINZBURG, C. **Mitos, emblemas e sinais**. São Paulo: Companhia das Letras, 1989b.

GOLDING, W. **O senhor das moscas**. São Paulo: Alfaguara Brasil, 2014.

GRATZ, A. **Prisioneiro B-3087**. São Paulo: Ática, 2013.

GUARINELO, N. L. História científica, história contemporânea e história cotidiana. **Revista Brasileira de História**, São Paulo, v. 24, n. 48, 2004. Disponível em: <http://www.scielo.br/scielo.php?script=sci_arttext&pid=S0102-01882004000200002>. Acesso em: 20 jul. 2017.

GUIMARÃES, M. L. S. Nação e civilização nos trópicos: o Instituto Histórico e Geográfico Brasileiro e o projeto de uma história nacional. **Estudos Históricos**, Rio de Janeiro, n. 1, p. 5-27, 1988. Disponível em: <http://bibliotecadigital.fgv.br/ojs/index.php/reh/article/view/1935/1074>. Acesso em: 17 jul. 2017.

HINO será semanal. O Estado de S. Paulo, São Paulo, 21 out. 1970. In: EDUCAÇÃO moral e cívica: criação da ditadura. **O Estado de S. Paulo**, São Paulo, 6 maio 2014. Disponível em: <http://acervo.estadao.com.br/noticias/acervo,educacao-moral-e-civica-criacao-da-ditadura,10033,0.htm>. Acesso em: 19 jul. 2017.

HOBBES, T. **Leviatã ou matéria, forma e poder de um Estado eclesiástico e civil**. Tradução de João Paulo Monteiro e Maria Beatriz Nizza da Silva. São Paulo: Abril Cultural, 1974. v. XIV. (Coleção Os Pensadores).

HOLANDA, S. B. de. **Raízes do Brasil**. 9. ed. Rio de Janeiro: J. Olympio, 1976.

HOUAISS, A.; VILLAR, M. de S. **Dicionário eletrônico Houaiss da língua portuguesa**. versão 3.0. Rio de Janeiro: Instituto Antônio Houaiss; Objetiva, 2009. 1 CD-ROM.

IPEA – Instituto de Pesquisa Econômica Aplicada. **Estimativa dos custos dos acidentes de trânsito no Brasil com base na atualização simplificada das pesquisas anteriores do Ipea**. Brasília, 2015. Disponível em: <http://repositorio.ipea.gov.br/bitstream/11058/7456/1/RP_Estimativa_2015.pdf>. Acesso em: 20 jul. 2017.

KARNAL, L. (Org.). **História na sala de aula**: conceitos, práticas e propostas. São Paulo: Contexto, 2009.

LE GOFF, J. **A bolsa e a vida**. Rio de Janeiro: Civilização Brasileira, 2008.

LE GOFF, J. Documento/monumento. In: LE GOFF, J. **História e memória**. 5. ed. Campinas: Ed. da Unicamp, 2003. p. 366-420.

LORAUX, N. Elogio do anacronismo. In: NOVAIS, A. (Org.). **Tempo e história**. São Paulo: Companhia das Letras, 1992. p. 57-70.

LORENZATTO, B. Para compreender Michel Foucault. **Carta Capital**, 26 jun. 2014. Disponível em: <https://www.cartacapital.com.br/blogs/outras-palavras/para-compreender-michael-foucault-9711.html>. Acesso em: 12 jul. 2017.

MACIEL, H. **Dicionário de conceitos históricos**. São Paulo: Contexto, 2006.

MACHADO DE ASSIS, J. M. **Conto de escola**. Disponível em: <http://www.bancodeescola.com/escola.htm>. Acesso em: 20 jul. 2017.

MACHADO DE ASSIS, J. M. **Esaú e Jacó**. São Paulo: Companhia das Letras, 2012.

MARTIN, H.; BOURDÉ, G. **As escolas históricas**. Sintra: MEM Martins, 1983.

MARTINEZ, P. H. Fernand Braudel e a primeira geração de historiadores universitários da USP (1935-1956): notas para estudo. **Revista de História**, n. 146, p. 11-27, 2002. Disponível em: <http://www.revistas.usp.br/revhistoria/article/viewFile/18929/20992>. Acesso em: 20 jul. 2017.

MENEZES, E. T. de; SANTOS, T. H. dos. Verbete MEC/Usaid. **Dicionário interativo da educação brasileira – Educabrasil**. São Paulo: Midiamix, 2001. Disponível em <http://www.educabrasil.com.br/mec-usaid/>. Acesso em: 20 jul. 2017.

MONTEIRO, A. M. Para onde vai o ensino de história? **História Viva**, n. 129. Disponível em: <http://www2.uol.com.br/historiaviva/reportagens/papa_onde_vai_o_ensino_de_historia.html>. Acesso em: 14 dez. 2016.

NADAI, E. A escola pública contemporânea: os currículos oficiais de História e o ensino temático. **Revista Brasileira de História**, São Paulo, v. 6, n. 11, p. 99-116, set. 1984.

NICOLAZZI, F. Editorial. **Revista Vernáculo**, n. 1, 2000. Disponível em: <http://revistas.ufpr.br/vernaculo/article/view/17424/11427>. Acesso em: 20 jul. 2017.

PINSKY, J. **O ensino de história e a criação do fato**. São Paulo: Contexto, 2008.

PINSKY, J. Um mundo sem utopias. **Folha de S.Paulo**, São Paulo, 24 ago. 2015. Opinião. Disponível em: <http://www1.folha.uol.com.br/fsp/opiniao/230622-um-mundo-sem-utopias.shtml>. Acesso em: 20 jul. 2017.

PITOMBO, J. P. Após 52 assassinatos em dois dias, PM da Bahia encerra greve. **Folha de S.Paulo**, São Paulo, 18 abr. 2014. Matéria de capa, A1. Disponível em: <http://www1.folha.uol.com.br/fsp/cotidiano/161973-apos-52-assassinatos-em-dois-dias-pm-da-bahia-encerra-greve.shtml>. Acesso em: 20 jul. 2017.

PRADO JÚNIOR, C. **Formação do Brasil contemporâneo**. 23. ed. São Paulo: Brasiliense, 1995.

RAMA, A. et al. **Como usar as histórias em quadrinhos em sala de aula**. São Paulo: Contexto, 2014.

RANKE, L. von. As grandes potências. In: HOLANDA, S. B. de. **Leopold von Ranke**: história. São Paulo: Ática, 1979. p. 181-207.

ROCHA, G. Civilização brasileira. **Civilização Brasileira**, Rio de Janeiro, ano 1, n. 3, jul. 1965.

ROCHE, D. **O povo de Paris:** ensaio sobre a cultura popular no século XVIII. São Paulo: Edusp, 2004.

RODRIGUES, C. O que a escola de hoje herdou da ditadura militar. **Carta Educação**, 26 mar. 2014. Disponível em: <http://www.cartaeducacao.com.br/reportagens/nao-se-fez-%E2%80%A8tabula-rasa/>. Acesso em: 20 jul. 2017.

SACONI, R. Educação moral e cívica: criação da ditadura. **O Estado de S. Paulo**, São Paulo, 6 maio 2014. Disponível em: <http://acervo.estadao.com.br/noticias/acervo,educacao-moral-e-civica-criacao-da-ditadura,10033,0.htm>. Acesso em: 20 jul. 2017.

SANTOS, A. A. dos. Anacronismo, o pecado mortal do historiador. **Debates Culturais: Liberdade de Ideias e Opiniões**, 1º set. 2016. Disponível em: <http://www.debatesculturais.com.br/anacronismo-o-pecado-mortal-do-historiador/>. Acesso em: 20 jul. 2017.

SANTOS, M. S. dos. História e memória: o caso do Ferrugem. **Revista Brasil História**, v. 23, n. 46, 2003. Disponível em: <http://www.scielo.br/scielo.php?script=sci_arttext&pid=S0102-01882003000200012>. Acesso em: 19 jul. 2017.

SARDELICH, M. E. Leitura de imagens, cultura visual e prática educativa. **Cadernos de Pesquisa**, v. 36, n. 128, p. 451-472, 2006. Disponível em: <http://www.scielo.br/pdf/cp/v36n128/v36n128a09.pdf>. Acesso em: 20 jul. 2017.

SCHAMA, S. **O poder da arte**. São Paulo: Companhia das Letras, 2010.

SCHMIDT, M. A.; CAINELLI, M. **Ensinar história**. São Paulo: Scipione, 2004.

SCHWARCZ, L. Por uma historiografia da reflexão. In: BLOCH, M. **Apologia da história ou o ofício do historiador.** Rio de Janeiro: J. Zahar, 2001. p. 1-15.

SELIGMANN-SILVA, M. A escritura da memória: mostrar palavras e narrar imagens. **Remate de Males,** v. 26, n. 1, p. 31-45, jan./jun. 2006. Disponível em: <http://revistas.iel.unicamp.br/index.php/remate/article/view/3282/2757>. Acesso em: 20 jul. 2017.

SEVCENKO, N. **O renascimento.** São Paulo: Atual, 1988.

SHAFF, A. **História e verdade.** São Paulo: M. Fontes, 1995.

SILVA, M. B. N. (Org.). **Teoria da história.** São Paulo: Cultrix, 1976.

STONE, L. **The Past and the Present.** [S.l.]: Routledge, 1988.

THOMPSON, E. P. **Costumes em comum:** estudos sobre a cultura popular tradicional. São Paulo: Companhia das Letras, 1998.

TOYNBEE, A. **Um estudo da história.** Brasília: Ed. da UnB; São Paulo: M. Fontes, 1987.

VERGUEIRO, W. Uso das HQs no ensino. In: RAMA, A.; VERGUEIRO, W. **Como usar as histórias em quadrinhos na sala de aula.** São Paulo: Contexto, 2009. p. 7-29.

VERGUEIRO, W.; RAMOS, P. **Quadrinhos na educação.** São Paulo: Contexto, 2009.

VERISSIMO, E. **Ana Terra.** 3. ed. São Paulo: Companhia da Letras, 2005a.

VERISSIMO, E. **Um certo capitão Rodrigo.** 3. ed. São Paulo: Companhia das Letras, 2005b.

WHITE, H. **Meta-história:** a imaginação histórica do século XIX. São Paulo: Edusp, 1995.

Bibliografia comentada

CAMBI, F. **História da pedagogia**. São Paulo: Unesp, 1999.

Essa obra trata da história da educação no mundo ocidental. Vale uma leitura muito atenta para promover a problematização das práticas de ensino contemporâneas.

FONSECA, S. G. **Didática e prática de ensino de história**: experiências, reflexões e aprendizados. São Paulo: Papirus, 2003.

SILVA, M. A. da; FONSECA, S. G. Ensino de história hoje: errâncias, conquistas e perdas. **Revista Brasileira de História**, São Paulo, v. 31, n. 60, p. 13-33, 2010.

As duas obras supracitadas são consideradas clássicas no tocante ao ensino de história.

FONSECA, S. G. **Ser professor no Brasil**: história oral de vida. Campinas: Papirus, 1997.

Utilizando-se de métodos e técnicas de história oral, Fonseca coletou depoimentos de professores de História veteranos que lecionaram em âmbito acadêmico e também no meio escolar, tanto público quanto particular. É uma leitura agradável, que comove, cativa e motiva.

SOIHET, R.; ABREU, M. (Org.). **Ensino de história**: conceitos, temáticas e metodologias. Rio de Janeiro: Casa da Palavra/ Faperj, 2015.

Soihet e Abreu relacionam a pesquisa histórica ao ensino. Essa obra propicia uma reflexão sobre os conceitos-chave que orientam as discussões dos Parâmetros Curriculares Nacionais (PCN), como identidade, cultura, cidadania e gênero.

Respostas

Capítulo 1

Atividades de autoavaliação
1. b
2. a
3. d
4. d
5. d

Atividades de aprendizagem

Questões para reflexão
1. Resposta pessoal. O aluno deve reconhecer que, apesar das limitações no que se refere aos objetos e aos temas de pesquisa, os metódicos ofereceram um método à história e atribuíram um lugar institucional à disciplina.
2. Resposta pessoal. O aluno deve apontar que, formalmente, o modelo metódico de ensino de história tendeu a ser abolido

das legislações. No entanto, por falta de experiência ou até mesmo por desinteresse de alguns professores, a memorização de datas, nomes de personagens e eventos marcantes pode persistir em determinados contextos.

Capítulo 2

Atividades de autoavaliação

1. b
2. a
3. d
4. c
5. c

Atividades de aprendizagem

Questão para reflexão

1. Ao ajudar os alunos a conhecer e ensiná-los a respeitar o modo de vida de diferentes grupos sociais, bem como as diversas manifestações culturais, econômicas e políticas, os professores historiadores os ajudam a ser mais conscientes dos desafios do presente.

Capítulo 3

Atividades de autoavaliação

1. a
2. d
3. c
4. b
5. b

Atividades de aprendizagem

Questão para reflexão

a) O historiador deve sempre manter uma postura de desconfiança com relação à memória e atuar como um crítico dela. Existem memórias hegemônicas, subestimadas e, até mesmo, apagadas.
b) Resposta pessoal. Espera-se que o leitor retome a ausência de um Estado de direito e de liberdades individuais e políticas.

Capítulo 4
Atividades de autoavaliação
1. b
2. c
3. c
4. d
5. b

Atividades de aprendizagem

Questão para reflexão

a) As imagens fazem parte de nosso dia a dia, e saber interpretá-las é uma das habilidades exigidas no século XXI. Decifrar corretamente a mensagem pretendida pelo autor ajuda-nos, por exemplo, a não sermos levados a práticas consumistas desenfreadas. Se entendemos as intenções do autor de uma peça publicitária, por exemplo, conseguimos tomar decisões racionais em vez de decisões orientadas pela emoção produzida pela imagem. Além disso, devemos sempre nos questionar sobre as intenções do autor de uma imagem, buscando informações sobre seu contexto de produção e seus patrocinadores.

b) Não podemos estabelecer hierarquia entre as informações contidas em textos ou em imagens. Toda e qualquer produção humana – escrita ou visual – é tributária das intenções de seu autor, o qual é movido por seus interesses e por experiências sociais.

c) Devem-se fazer questionamentos referentes à data de produção da imagem, a fim de descobrir se o autor é contemporâneo do tema representado; a suas filiações ideológicas e partidárias; entre outros.

Capítulo 5

Atividades de autoavaliação

1. b
2. d
3. c
4. a
5. c

Atividades de aprendizagem

Questões para reflexão

1. Espera-se que o leitor responda que a História não está imune a críticas. Existem correntes filosóficas e, até mesmo, historiográficas que defendem que essa área do conhecimento tem uma grande entrada na ficcionalidade; isso enfraquece a percepção da história como campo dotado de rigor metodológico e pertencente ao rol das ciências. Diversos historiadores defendem que a história, muitas vezes, se presta a difundir a

trajetória dos vencedores, reforçando, dessa forma, as ideologias dominantes e tornando-se um instrumento de dominação.
2. A literatura é considerada obra da genialidade humana, portanto não há regras e critérios para sua elaboração. Ela não apresenta, de forma declarada, qualquer compromisso com a realidade. Ao utilizá-la como fonte para pesquisas ou para o ensino, corre-se o risco de convencer os críticos quanto à não cientificidade da história. Para minimizar tal risco, é necessário adotar um arcabouço teórico-metodológico que garanta sua defesa contra esse tipo de acusação.

Capítulo 6
Atividades de autoavaliação
1. b
2. a
3. d
4. a
5. a

Atividades de aprendizagem
Questões para reflexão
1. A História é uma disciplina-chave para transmitir às novas gerações o conhecimento historicamente acumulado.
   Ao conhecê-la, o indivíduo tem acesso a um conjunto de experiências humanas que o ajudam a tomar decisões mais conscientes no que diz respeito ao presente.
2. Se, por um lado, as novas tecnologias garantem acesso mais facilitado à informação e às formas de expressão, por outro, elas agem de maneira a reduzir a linguagem dos jovens.

A impaciência da atual geração com atividades que demandam longo tempo de concentração a impede de travar contato com a produção clássica humana. Cabe ao professor historiador conscientizar os alunos sobre a importância de não negligenciarem a produção intelectual e as experiências das gerações anteriores.

Sobre os autores

André Luiz Cavazzani é graduado em História (2002) pela Universidade Federal do Paraná (UFPR); especialista e formador pessoal em Psicomotricidade Relacional (2003) pelo Centro Internacional de Análise Relacional (Ciar); mestre em História (2005) pela UFPR; doutor em História (2013) pela Universidade de São Paulo (USP), com intercâmbio acadêmico (2012-2013) na Universidade do Porto, em Portugal; e pós-doutor em História (2015) pela UFPR. Tem diversos livros e capítulos de livros publicados em obras nacionais e internacionais. Durante dez anos, foi professor de ensino médio e de ensino fundamental, na rede particular, e atuou como psicomotricista relacional no ensino fundamental I. Além disso, atuou como professor substituto no Departamento de História da UFPR. Atualmente, é coordenador do curso de História do Centro Universitário Internacional Uninter.

Rogério Pereira da Cunha é graduado em História (2007) pela Universidade Federal do Paraná (UFPR), especialista em Educação Especial com Ênfase no Ensino de História para Crianças com Altas Habilidades/Superdotação (2009) e mestre em História (2011) pela UFPR. Com experiência no ensino superior, Cunha foi professor substituto na UFPR. Além disso, atuou na educação básica nas redes pública e privada.

Impressão:
Janeiro/2024